SUPER UE FELTRINI

SUPER UE

Roberto Levi

Lo sapevo, non dovevo ammalarmi

Un uomo alla ricerca della sua diagnosi

Prefazione di Umberto Veronesi

FELTRINELLI

Prima edizione nell'"Universale Economica" – SUPER UE
gennaio 2008

ISBN 978-88-07-84087-6

L'autore è contattabile anche all'indirizzo: roberto_levi@libero.it

A chi saprà spiegare come mai
la malattia è spesso contagiosa
mentre la salute non lo è mai.

A Marina

Prefazione

Confesso che mi sono divertito a leggere un libro che dipinge con ironia molti aspetti del mondo sanitario di cui faccio parte. Anche se, dopo aver sorriso, mi sono subito venuti alla mente tutti coloro con i quali sono in contatto quotidiano, umano e professionale. Ho immaginato con una certa inquietudine i loro sguardi increduli di fronte a questa prefazione, e mi è parso immediatamente di sentire per filo e per segno le loro giustificabili reprimende: ma come, nel libro si fa dell'ironia sui medici di ogni tipo, su primari, aiutoprimari, infermieri, sulle abitudini ospedaliere, sul tran tran ambulatoriale, sulle visite specialistiche private, persino sul prezioso contributo delle volontarie, e il professor Veronesi avalla tutto questo anziché prenderne le distanze? Un ex paziente sembra volersi "vendicare" con l'arma della satira di un'intera categoria di "addetti ai lavori" studiati e scrutati ricovero dopo ricovero, e il professor Veronesi dà l'idea di solidarizzare con tale visione ironica anziché con il nostro impegno quotidiano? Basta scorrere l'elenco dei titoli dei capitoli in cui è suddivisa questa radiografia disincantata del rapporto medico-paziente per capire che ho ragione di preoccuparmi della reazione dei miei colleghi. È un florilegio di domande provocatorie ("Perché in ospedale mi visitano in otto?"), di definizioni irriverenti ("La dottoressa innamorata del cortisone"), di osservazioni beffarde ("L'intervento non era innocuo"), di imprecazioni politicamente scorrette ("Aiuto, arriva la Volontaria!"), sino all'episodio intitolato "Lui vestito, io in pigiama" che sintetizza in un'immagine efficace il punto di vista di chi è ricoverato in ospedale e si sente subito vulnerabile. L'ironia non risparmia nessuno, né la medicina ufficiale né quella alternativa che tante illusioni alimenta. Eppure, al di là delle deformazioni paradossali proprie dell'approccio ironico, il libro sa cogliere aspetti veri della psicologia del malato e di chi lo cura. Registra situazioni effettivamente riscontrabili nella vita ospedaliera e nell'esperienza quotidiana dei medici. Dà voce a un punto di vista, quello del paziente, che il medico dovrebbe sempre ascoltare con attenzione immedesimandosi nei suoi disagi. Anche quando, come in questo caso, ha l'impressione di essere stato messo sotto la lente di un'osservazione che non risparmia frecciate graffianti. Da anni sostengo la necessità che l'approccio del medico nei confronti del malato si umanizzi ulteriormente, si arricchisca della capacità di spendere attenzione, disponibilità all'ascolto, crescente sensibilità nei suoi riguardi. La lettura di questo libro costringe il medico a far ricorso a un'altra qualità: il senso dell'umorismo. Ed è a questa qualità che mi appello per farla franca con amici e colleghi, confidando nella loro comprensione.

Umberto Veronesi

Una notte all'improvviso

Succede che una notte, perché è di notte che di solito succede, ti svegli all'improvviso con un malessere mai provato. Un dolorino al fianco, una sorta di fitta, non forte ma persistente, cui si aggiunge un senso di febbricitante spossatezza. Non forte, nemmeno la spossatezza. E neanche la febbre. Qualche linea oltre i 37. Una febbricola, più che altro. Ti dici che passerà, e cerchi di riaddormentarti. Ma il mattino dopo scopri che il disagio è ancora lì, anche se non ti impedisce di fare le cose di sempre. Come alzarti e andare a lavorare. Da quel giorno, però, il tuo fisico non è più lo stesso. Non funziona più a pieno regime. E allora, lasciato passare giusto il tempo necessario per averne conferma, vai dal tuo medico di base e gli racconti del malessere. Fai insomma quello che devi fare. E anche lui lo fa: dopo una breve visita che non può certo chiarire l'origine dei tuoi disturbi, ti ordina un pacchetto di esami. Li esegui, e scopri di avere tutti gli indici infiammatori sballati. In termine medico "indici di flogosi", ma i nomi sono la cosa che ti interessa di meno in questa faccenda. Adesso sai di essere malato "ufficialmente" e desideri soltanto guarire. Ma di cosa sei malato? E da cosa devi guarire? Il medico di base non lo sa, e non si può certo pretendere che lo sappia. Può solo consigliarti, coscienziosamente, un ricovero "per accertamenti", termine dal suono un po' poliziesco ma che fa parte dell'inevitabile iter in casi come questi. Bisogna scoprire che diavolo è successo al tuo organismo, individuare una diagnosi e iniziare le cure appropriate.

"Secondo te è una cosa grave?" chiesi al mio medico di base senza poter nascondere una palpabile preoccupazione. Ci davamo del tu ormai da tempo, per reciproca convenienza. A me sembrava di poter contare su una sorta di canale privilegiato di attenzione nella marea dei suoi pazienti. A lui il "tu" serviva per dare più velocità al disbrigo della visita, per accelerarne le formalità ed eliminare alla radice i convenevoli. Benché notassi qualche incertezza ogni volta che doveva digitare il mio nome al computer, per segnare la data di una visita o la prescrizione di una medicina, mi convincevo che non stava cercando di ricordare chi avesse di fronte ma che voleva solo concentrarsi meglio sul da farsi. Prima di rispondere alla mia domanda, o forse era già quella una risposta, mosse di scatto la testa verso destra, e piegò la bocca in una velocissima smorfia di paterno rimprovero, come a dire "calma, tranquillo, non esagerare". Nel dubbio se fosse un gesto di stizza in seguito a un quesito che lo metteva in difficoltà, o il professionale convincimento che casi come il mio erano in realtà assai frequenti e dovevano essere affrontati con calma e senza panico, optai opportunisticamente per la seconda ipotesi. "Questo è un caso che va risolto da un internista con le palle," disse. Aveva il tono deciso che usava sempre quando voleva dare maggior peso alle sue parole. Mi convincevo sempre più che nella vita fare ricorso al richiamo delle palle era più che altro un tonificante verbale, un ricostituente dialettico, una sorta di training autogeno per chi lo usa. Il mio medico di base si faceva forza anche così, e cercava di trasmettermela. In realtà avrei preferito che il segno distintivo dell'internista fosse un po' più ampio e articolato, comprendendo magari la lucidità mentale, l'intuito, la capacità diagnostica. Ma se mi veniva assicurato che sarebbero bastate le sue palle per risolvere il mio caso ero disposto ad affidarmi anche solo alla sua massa testicolare, senza sottilizzare troppo. Del resto, se l'internista fosse stata una donna e mi fosse stata presentata come una "con due palle così", le mie preoccupazioni sarebbero state pure di ordine estetico. "Ti manderò da lui dopo avergli parlato," continuò. Lo disse con un piglio che non ammetteva repliche ma che venne interrotto da sua moglie che entrò nella stanza dopo aver lasciato passare un nanosecondo dal momento in cui bussò. Faceva sempre così. Non per disprezzo della privacy ma per l'effettiva urgenza di sbrigare le infinite incombenze dei pazienti. In pratica gli faceva da segretaria, probabilmente per limitare i costi di gestione dello studio, ed era da lei che bisognava passare per ottenere certificati, richieste di esami e ogni genere di questua medica. "Le solite pillole per l'ingegner Settembrini," disse porgendogli la ricetta, già pronta a una immediata torsione del busto per tornare sui suoi passi quanto più in fretta possibile. "Salutamelo," le rispose firmando velocemente e restituendole la prescrizione. Il loro sembrava davvero un matrimonio perfetto, forse un po' teutonico nell'impostazione ma scandito da gesti rapidi, affiatati, ritmati, e non affaticato da inutili giri di parole. Avrei scommesso che si fossero conosciuti tramite inserzione sul giornale, chiusa dalla reciproca richiesta: "astenersi perditempo". Uscita la moglie ci fu un attimo di silenzio, giusto un attimo però, c'era ancora una fila di pazienti da evadere. Decisi di spezzarlo io: "Pensi che sarà una cosa lunga?". Era una di quelle domande decisamente stupide, che vorresti inseguire e fermare nel momento stesso in cui ti escono dalla bocca, oppure sperare che siano state formulate da qualche fantasma presente nella stanza, cercandolo poi con lo sguardo per commiserarne la pochezza. Che ne poteva sapere, il mio medico di base, dei tempi di soluzione di un problema di salute che si era appena delineato? E come potevo pensare di ottenere una risposta credibile, così su due piedi? In realtà ero spaventato, e quella richiesta mi serviva per tentare di ottenere una speranzosa quanto improbabile rassicurazione. Mentre cercava le parole per rispondermi, sentimmo bussare di nuovo e, con tempi molto vicini alla velocità della luce, si materializzò nuovamente la moglie con un altro foglio in mano: "Per la signora Franchi". Al nome fece seguire una specie di sospiro prolungato, cui il mio medico rispose alzando gli occhi al cielo e cercando, ne ero sicuro, la mia solidarietà. Pur non sapendo assolutamente chi fosse la signora Franchi, né di cosa soffrisse la poveretta, né tantomeno quale fosse il motivo della spazientita reazione che provocava, ammiccai vigliaccamente con un mugolio complice accompagnato, come rinforzo non so quanto necessario, da un gesto rotatorio della mano sinistra che poteva significare, nell'ordine: che gente, che tempi, ma quante scocciature dovete sopportare. Esaurita quell'ulteriore formalità rimanemmo di nuovo soli, e il mio medico di base si dimostrò ancora una volta all'altezza della situazione riallacciando subito il filo del discorso interrotto: "Non posso sapere se sarà una cosa lunga, quello che so per certo è che sarai nelle mani migliori". Ero contento che la parte del corpo dell'internista cui mi sarei dovuto affidare fosse ora focalizzata sopra la cintola, spostandosi sempre più verso la zona della corteccia cerebrale. D'altro canto, a dimostrazione della contradditoria incontentabilità degli esseri umani, mi dispiacque che nel giro di solo pochi minuti la sua immagine avesse perso quell'alone testosteronico che fa sempre la sua figura, e produce un sicuro effetto su chi è in cerca di granitiche certezze non facilmente sottoscrivibili dalla ragion pura. "Tieniti pronto, vedrai che l'appuntamento ti verrà dato nel giro di pochi giorni." Era il segnale del congedo. Mi alzai e mi diressi verso la porta, proprio nel momento stesso in cui la moglie la stava aprendo di nuovo. Si bloccò ritta sull'uscio e si aprì in un sorriso che per un terzo riconducevo a un atto di cortesia formale, per un altro terzo a una simpatia personale in cui si confida sempre e per la rimanente percentuale alla consapevolezza che stavo finalmente per liberare il campo. Complice la porta spalancata, incrociai lo sguardo degli altri mutuati in sala d'attesa, che ora potevano vedere in faccia chi rischiava di prolungare il momento del loro turno, dopo aver già tenuto occupato il medico per un tempo che sembra sempre eccessivo. Tutti, là dentro, si convincono di avere più bisogno di udienza di un altro, e cercano di scorgere negli occhi altrui, nella camminata, nel tono della voce, e persino nella consistenza muscolare e nel maggiore o minore pallore del viso, la conferma che le persone che affollano lo studio medico non abbiano poi così bisogno di una visita urgente come invece spetterebbe a loro stessi. Mi fissavano con insistenza, o almeno me ne convinsi. All'improvviso mi tornò alla mente il weekend appena trascorso al mare per respirare un po' di aria buona nel tentativo di rinfrancarmi, e che una abbronzatura non troppo marcata ma comunque ben visibile si era fissata sul mio volto. Benché avessi cose ben più serie di cui preoccuparmi, il pensiero più pressante divenne quello di uscire molto velocemente dallo studio.

Eccomi dal grande internista

"Lei è tutto infiammato," disse il grande internista scrutando con malcelata stizza le mie analisi del sangue. "Guardi qui: Ves, proteina C reattiva, tutti gli indici di flogosi sballati. Non ci siamo, non ci siamo proprio." Nel sentire queste parole mi tornò in mente il mio vecchio professore di matematica. La voce del medico aveva lo stesso tono di rimprovero. Mi veniva voglia di abbassare la testa e rispondere come allora: non si arrabbi, rimedierò, mi preparerò meglio la prossima volta. Ma come si fa a preparare meglio una Ves, una proteina C reattiva, un indice di flogosi? Il grande internista, intanto, non aveva intenzione di darmi tregua: "Il referto dell'ecografia segnala inoltre la presenza di un doppio versamento, sia pleurico che addominale. Ha un bel po' di liquido nella pancia e anche alla base dei polmoni, seppur di minore entità. Gli altri valori sono a posto, è una faccenda strana, ma vedrà che qualche giorno di opportuno ricovero servirà per chiarire la situazione". Fu in quel momento che sognai di poter sostituire il mio sangue con un colpo di bacchetta magica, o chiedendo consiglio a un ciclista o a una nuotatrice dell'ex Ddr. Un sangue "pulito" e nient'altro: questo chiedevo. Avrei pagato chissà cosa. Ormai valutavo il mio sangue alla stessa stregua di una fedina penale ignominiosamente macchiata, da ripulire e ripresentare vergine alla successiva occasione. Nella mia testa riscrivevo tutta la scena e naturalmente ne cambiavo il finale: il grande internista mi avrebbe accompagnato alla porta pronunciando le parole fatate che tutti desidereremmo sentire: "Lei è sano come un pesce". Il grande internista credette di leggere i miei pensieri e cercò di tranquillizzarmi: "Pochi giorni, il tempo di fare qualche analisi più approfondita e poi una bella vacanza per dimenticare in fretta. Lei si tenga pronto, la chiameremo noi, anzi la chiamerà la mia segretaria. Dica a lei se desidera avere una stanza tutta per sé, compatibilmente con la disponibilità ospedaliera, si intende". Sul momento mi piacque molto l'accostamento stanza-segretaria, anche da malati un certo maschilismo è duro a morire. Ma subito dopo le parole del professore, scandite con piglio severo, mi costrinsero a considerare più rispettosamente la situazione: "Lei ce l'ha, vero, un'assicurazione sanitaria personale?".

L'idea di perdere in un colpo solo stanza, segretaria e stima del grande internista mi fece rispondere di scatto, con un tono esageratamente strafottente: "Ci mancherebbe!" che lo rese comunque felice. Nel salutarlo, commisi l'errore di fargli qualche domanda veloce: "Mi seguirà lei, professore? Posso contarci, vero? Mi hanno parlato così bene di lei!".

"Non si preoccupi, è nelle mani di una équipe di valore. Quando non ci sono io, ci sono i miei collaboratori."

"E quando non ci sono i suoi collaboratori?" buttai lì tutto preoccupato.

"Be', in quel caso è sperabile che sia rimasto almeno lei!" mi gelò con un guizzo di umorismo nero che da lui non mi sarei davvero aspettato.

"Un'ultima cosa, professore. Si ricorda quel racconto di Dino Buzzati in cui un povero paziente ricoverato in ospedale viene continuamente cambiato di reparto e di piano man mano che si aggravano le sue condizioni? Mi può assicurare che rimarrò sempre nel mio reparto?"

"Lei è troppo ansioso. Vada a casa tranquillo e aspetti la nostra telefonata."

Me ne andai. È proprio vero, quando si è malati quella poca cultura assorbita nella vita sarebbe meglio dimenticarla completamente.

Il rito del termometro

Durante la prima notte di degenza avevo sognato le cose semplici che sognano tutti i ricoverati: sveglia alle 9, cappuccino e brioche. La stanza singola no, l'avevo rimossa persino dai miei sogni per paura di sentirmi troppo solo. Il rumore metallico della luce giallastra accesa dall'infermiera di turno mi precipitò immediatamente nella cruda realtà ospedaliera: ore 5.30, sveglia col termometro.

Non ho mai capito la necessità di rovinare il già precario sonno dei malati costringendoli a un'abitudine palesemente inutile sotto il profilo medico e scientifico. Osservavo i miei compagni di stanza mentre, con gesti lenti da sonnambuli, cercavano di obbedire all'ordine imposto dall'infermiera: "Misuratevi la temperatura, fra cinque minuti ripasso". Nei confronti del termometro ognuno si comportava a seconda delle abitudini contratte nei rispettivi posti di lavoro. Oreste-cirrosi epatica, il salumiere nel letto di fronte al mio, nell'inevitabile dormiveglia delle 5.30 del mattino posizionava distrattamente il termometro dietro l'orecchio, come fosse una biro, e si riaddormentava subito. Attilio-ulcera peptica, giovane disoccupato di professione ultrà, se lo metteva meccanicamente nella piega dell'avambraccio, come se stesse ripetendo il gesto dell'ombrello. Gennaro-colite cronica, operaio addetto alla catena di montaggio, era ancora più sbrigativo: se lo gettava alle spalle neanche fosse un bullone difettoso da scartare. Io fui l'unico che si mise d'impegno per rispettare le consegne dell'infermiera; diedi un ordine pigro all'ascella ed essa acconsentì di ricevere l'intruso senza apparenti crisi di rigetto. Ma erano pur sempre le 5.30 del mattino, e il sonno poté più della forza dei muscoli. Dopo i fatidici cinque minuti, al cospetto dell'infermiera grassoccia che trascinava ai piedi i soliti orribili zoccoloni bianchi trapuntati, si presentò uno scenario di cifre più simili alle condizioni di vita su Marte che a una normale rilevazione di temperature ascellari: Oreste-cirrosi epatica 34,8 (dato gonfiato dal calore dell'attaccatura dell'orecchio a contatto con il cuscino), Attilio-ulcera peptica 33,5, Gennaro-colite cronica non pervenuta. Dal canto mio, grazie al parziale lavoro dell'ascella, riuscii ad attestarmi su un dignitoso 35,8, che credo equivalesse a una specie di sufficienza strappata per miracolo.

L'infermiera grassoccia, invece di sgridarci tutti come avremmo meritato, segnò diligentemente le nostre temperature sui grafici appesi ai piedi dei letti. La precisione maniacale con cui riportava senza fiatare quell'assurda accozzaglia di inverosimili temperature mi spaventò, e per un attimo ebbi l'impulso di scappare. Superata la crisi, mi uniformai a quel tipo di logica ospedaliera e invece di chiedere ragione di una simile incongruenza mi limitai a domandare con il massimo rispetto: "Infermiera, perché dobbiamo misurarci la febbre così presto?".

"Questo è un ospedale con le sue regole, non un albergo. Cosa pretende, che le portiamo la colazione a letto con il giornale?"

Ecco, al giornale non avevo effettivamente pensato nel mio sogno notturno. Cercai di riaddormentarmi, e sentii il sorriso ingentilirmi la bocca. Forse stavo già sognando la sveglia alle 9, cappuccino, brioche e giornale.

Il primo esame non si scorda mai

Quella fu una mattinata importante. Un esame, finalmente! Dopo giorni di sconcertante inattività, ecco la dolce musica per le mie orecchie: “Radiografia torace doppia proiezione frontale e laterale”. Essere ricoverato senza fare nulla è quasi peggio della disoccupazione, assomiglia a quelle situazioni in cui le aziende, nel tentativo di liberarsi di te, ti tolgono ogni incombenza e ti costringono alla più totale e umiliante inedia. In ospedale a volte è lo stesso, ti lasciano lì a far niente e tu pensi: forse vogliono che vada via, si vede che non sono un paziente modello e altri ben più meritevoli attendono di poter prendere il mio posto. Eppure io l’avevo detto alla caposala: “Guardi che se c’è bisogno di qualcosa mi chiami, non si faccia scrupoli, un fischio e io vengo. Ho fatto studi classici, ma se c’è da dare una mano io non mi tiro indietro”. Lei mi guardò pensando che scherzassi, senza capire che in ospedale un paziente assimila tutto il grottesco della realtà in cui si trova catapultato, e vi si adegua. Sembrava volermi tenere il broncio, la caposala. Ma fa niente. Finalmente era arrivata l’ora del mio primo esame: RX torace doppia proiezione frontale e laterale! Non singola, la proiezione, questa doveva essere qualcosa di più significativo, qualcosa che non fanno fare al primo venuto. Ero eccitato, e decisi di mettermi sull’uscio della camera, in modo da poter vedere il corridoio. Appena avvistai l’infermiere, lo chiamai e mi feci notare. Non volevo che si dimenticassero di me anche questa volta, diamine. Alla fine l'infermiere arrivò. Era Bruno, quello con l'inquietante tatuaggio di un'ambulanza sul braccio.

"È lei che deve fare i raggi, vero?"

"Sì, sono io," risposi gonfiando il petto come se fossi già davanti alla lastra.

"Se la sente di venire a piedi o preferisce la carrozzella?"

Avevo pochi attimi per rispondere. Forse era una domanda trappola: un vero uomo non dovrebbe prendere la carrozzella, ma un vero malato sì. Quali rischi avrei corso a rispondere in un senso o in un altro? Decisi in fretta, con quel pizzico di incoscienza che mi ha sempre contraddistinto: "Se non le dispiace prendo la carrozzella". La frase suonava pure bene, rimandava a immagini di gite in campagna o di visite turistiche in quelle cittadine del centro Italia ancora tutte da scoprire. Bruno, l'infermiere col tatuaggio, non commentò la scelta e mi sembrò un buon segno. Mi accomodai e partimmo, ma presto mi pentii della decisione. Bruno guidava come se per lui fosse una questione di orgoglio portarmi a destinazione entro un tempo limite. Forse per distrarsi da quella vita grama gli infermieri scommettevano tra di loro sulle migliori performance. "Non ho fretta, Bruno," ripetei per l'ultima volta in un bagno di sudore e con la testa reclinata su un lato come avevo fatto solo una volta in auto prima di prendere il Viamal. Ma per Bruno quella era la "sua" carrozzella, e non avrebbe sentito ragioni fino al raggiungimento del "suo" traguardo: la sala d'attesa antistante il locale dove si effettuano i raggi. Quando arrivammo tirai un grosso sospiro di sollievo, più lungo di quello che avrei poi praticato di fronte al radiologo e ai suoi ordini cadenzati: "Respiri... non respiri... respiri... non respiri". Mi ripromisi di non optare più per la carrozzella nei successivi esami. Diavolo, non ero ridotto così male da non poter usare le mie gambe. E poi tanti altri pazienti seguivano in ascensore l'infermiere che li accompagnava da una zona all'altra dell'ospedale. Mi sembrava un buon compromesso: per un po' si cammina e per un po' si usa l'ascensore. Decisi che dalla volta successiva avrei scelto questa soluzione. Anche se mi accorsi presto che eliminando un problema se ne creava subito un altro. La prima volta che entrai in ascensore con l'infermiere sentii il suo sguardo fotografarmi come una Tac. E in quei casi non puoi certo cavartela come si usa negli ascensori condominiali, dove puoi prendere tempo e rompere il ghiaccio parlando del tempo, o chiedendo: "Lei a che piano scende?". L'infermiere sa, l'infermiere decide, l'infermiere schiaccia il bottone del piano e poi ti guarda. E mentre lo fa, provi l'inquietante impressione che si eserciti mentalmente a farti la diagnosi, in anticipo sui medici. Quasi meglio la carrozzella.

Come entrare dal radiologo prima degli altri

L'anziana signora con il viso pieno di rughe seduta davanti alla stanza ancora chiusa della schermografia mostrava segni di impazienza. Aveva il braccio destro legato al collo con un fazzolettone colorato, e mi incuriosì la facilità con cui riusciva a dondolarlo nella snervante attesa che la porta si aprisse.

"Va molto meglio ora, vero?" le chiesi con la sfacciataggine tipica degli indiscreti.

L'anziana signora mi lanciò uno sguardo molto simile a una bacchettata, e smise improvvisamente di muovere il braccio.

"Certo che i traumi alle ossa sono fra i più dolorosi," dissi nel tentativo di recuperare almeno parte delle posizioni perdute.

"Mi serve per entrare prima," mi grugnì contro senza che io riuscissi subito a capire cosa volesse dire. Poi abbassò la voce e precisò meglio il concetto: "Il fazzolettone mi occorre per commuovere il radiologo quando esce dalla porta e convincerlo a farmi entrare per prima. Non vede quanti siamo?".

Eravamo una dozzina, e non potei fare a meno di annuire. "Ma il radiologo ci casca?" le domandai sempre più incredulo.

"Sicuro come la morte! Ma il problema non è il radiologo, sono gli altri malati." Lei capì che non capivo, e visibilmente infastidita completò la spiegazione: "Non immagina neanche cosa possano escogitare i ricoverati per cercare di entrare prima: pigiami macchiati e appositamente sdruciti, vestaglie monche di una manica, oppure prolungati e strazianti lamenti quando dalla porta spunta finalmente il radiologo".

"E il radiologo cosa fa? Chi sceglie?"

"Dipende dal radiologo di turno. C'è quello più sensibile a un certo tipo di sofferenza e chi invece ha punti deboli differenti. Insomma, occorre un po' di fortuna, ma bisogna sempre provarci."

Dopo pochi minuti il radiologo fece capolino e diede un'occhiata veloce alla sala d'aspetto. L'anziana signora con il viso pieno di rughe fece una mezza torsione su se stessa in modo da mettere bene in vista il braccio e si lasciò scappare un discreto ma opportuno lamento. Il radiologo, dopo una breve esitazione, le fece un cenno e lei si alzò dalla sedia con una smorfia di soddisfazione. Osservai sbigottito gli altri pazienti in attesa, ero convinto che avrebbero protestato: non osarono battere ciglio, come di fronte a una professionalità superiore e indiscutibile.

La porta si richiuse e sentii la colonna sonora comune a ogni radiografia: "Respiri... non respiri... respiri... non respiri". Montò in me una rabbia tardiva, direi retroattiva, nei confronti dell'anziana signora che mentre tutti sono in coda sfrutta una sorta di corsia d'emergenza per prendersi un vantaggio sugli altri.

"Respiri... non respiri... respiri... non respiri... respiri... non respiri." Che sarebbe successo se fossi entrato di nascosto nella stanza dei raggi e avessi distratto il radiologo prima che potesse dare all'anziana signora il permesso di respirare di nuovo? Ah, insano pensiero!

Poco dopo l'anziana signora con il viso pieno di rughe uscì dalla stanza e si chiuse la porta dietro le spalle. Mi si avvicinò e con un cenno della testa cercò di convincermi a prendere il fazzolettone che teneva stretto nel pugno. Risposi con uno sdegnoso rifiuto, e lei si allontanò facendo spallucce. Trascorsa una manciata di interminabili minuti, uscì di nuovo il radiologo, in mano un foglio: l'elenco dei pazienti in attesa di fare i raggi. Abbozzai un flebile lamento, ma non abbastanza convinto. Come in stereofonia, ascoltai gemiti assai più credibili e determinati provenire da destra e sinistra. Il radiologo si guardò attorno per un attimo, poi indicò la faccia (o il lamento) di un signore dal pigiama macchiato e sdrucito: "Lei è il signor...".

Ottenuta una risposta che coincideva con uno dei nomi segnati sul suo elenco, lo fece accomodare. Di nuovo gli altri ricoverati in attesa non protestarono. Erano invece tutti a capo chino, sottomessi alla maggiore abilità professionale del paziente concorrente.

Perché in ospedale mi visitano in otto?

"Arrivano, arrivano!" Gennaro-colite cronica, cui era capitato il turno di guardia davanti alla nostra camera, riuscì a dare l'allarme con sufficiente anticipo. Tutti fecero il possibile per rendersi presentabili: chi si mise le calze, chi se le tolse dopo una tormentata autoanalisi, chi si spruzzò gli avanzi della boccetta di profumo in comune dopo una penosa contrattazione, chi cercò di pettinarsi usando come specchio le precarie indicazioni dei compagni. Per un maquillage più completo e dignitoso era troppo tardi ormai. Perché, qualcuno potrebbe chiedere, queste cose non si fanno prima, con calma? Di solito uno così non è mai stato in ospedale.

I medici fecero irruzione in camera alle 9.25. Erano in otto e l'ultimo chiuse la porta. Stava per iniziare il rito quotidiano della visita medica. Attilio-ulcera peptica, perennemente condizionato dalla sua mentalità da ultrà, fu il più caustico: "Avete organizzato un pullman, per venire?". Nessuno dell'équipe lo degnò di una risposta. Erano troppo occupati nella preparazione degli strumenti: chi tirava fuori il misuratore della pressione, chi lo toccava, chi si limitava a guardarlo. Alcuni del gruppo si erano scelti un altro compito: chi tirava fuori lo stetoscopio, chi lo toccava, chi si limitava a guardarlo. Terminati i preparativi, la dottoressa dai capelli biondi prese il quadernone delle terapie, e lo aprì: era il segnale. Oreste-cirrosi epatica fu il primo ad andare sotto, e diede prova di grande coraggio. Nonostante fossero in otto e lo incalzassero con ogni genere di domande, lui non parlò. Eppure ne avrebbe avuti di disturbi da confessare, tutta la sera precedente ci aveva tenuti svegli per raccontarceli. Ma come si fa a metterli in piazza davanti a otto, diconsi otto, medici? Che poi non erano neanche tutti medici. C'era persino un ragazzo, probabilmente uno studente universitario al suo tirocinio. Voi confessereste dei disturbi, magari intimi, al primo venuto?

Anch'io avrei avuto molte cose da dire, ma Oreste-cirrosi epatica ci aveva dato il classico "segnale forte", per cui mi comportai con altrettanta orgogliosa fierezza, nonostante gli espedienti dei medici per farmi confessare fossero sottilmente perfidi. Solo chi è stato auscultato otto volte da otto persone diverse può capirmi. Solo chi è stato toccato da sedici mani diverse può comprendere. Solo chi ha detto 33 per otto volte di fila può essermi vicino. Uno degli otto, a un certo punto, mi chiese a bruciapelo: "Come sta?". Avessi anche avuto la tentazione di dare articolate spiegazioni in merito al mio stato di salute, la sola idea di doverlo poi ripetere a tutti gli altri me ne fece passare la voglia. Risposi con una smorfia, che nel linguaggio gestuale ospedaliero significava: il solito.

Ci fu comunque un momento in cui si sfiorò l'incidente diplomatico: fu quando Gennaro-colite cronica, stanco di essere auscultato anche dallo studente universitario, inscenò una protesta non violenta ma dichiaratamente sarcastica. Ogni volta che uno dei dottori gli intimava: "Dica 33", lui rispondeva tenendo a mente la somma complessiva progressivamente accumulata: 33, 66, 99, 132 e via dicendo. Presto lo studente fu preso da una reazione isterica, mentre Gennaro-colite cronica si giustificò con la massima calma: "Anche se sono un operaio, io i conti li so fare lo stesso".

Gli otto medici diconsi otto riposero a quel punto i

loro attrezzi e, dopo averci prescritto le quotidiane pastiglie, si apprestarono a uscire. Prima, però, ebbi un sussulto di curiosità che non riuscii a trattenere: “Scusi dottore,” chiesi al primo degli otto, “ci sono novità sulla mia diagnosi?”.

“No, non ancora. Abbia pazienza.”

“Lei pensa che se facessi la stessa domanda ai suoi colleghi otterrei la medesima risposta?”

“È ovvio.”

“E allora che bisogno c’è che siate in otto?”

Uscirono scuotendo la testa e senza una risposta. Dalla faccia della dottoressa dai capelli biondi, che chiudeva la lunga fila, capii che ci consideravano una camerata troppo vivace.

Dov'è il professore?

"Voglio il professore! Fatemi visitare dal professore! Sono due settimane che non vedo il professore!"

Neanche per una donna avevo mai fatto tante scene. Ma ero stanco, esasperato, confuso. Gli esami si accavallavano, i risultati tardavano, le notizie non trapelavano. Insomma, il classico iter di ogni ospedale che si rispetti. La dottoressa coi capelli ricci cercò di calmarmi, mentre gli altri suoi colleghi che l'avevano seguita nel consueto medical tour del mattino mi fissavano con occhi severi. Attilio-ulcera peptica, ultrà provocatore per eccellenza, fu come al solito caustico al loro ingresso: "Oggi siete solo in sei: selezione darwiniana?". Mi guardò pieno di orgoglio: sapeva dei miei studi classici, di sicuro avrei gradito il dotto riferimento. Ottenne dal mio sguardo un'approvazione compiaciuta. Io ci misi poco a riprendere il mio sfogo: "Voglio il professore! È lui che mi ha fatto ricoverare. Dov'è, perché non viene?".

"È a un importante congresso a Boston," rispose la dottoressa coi capelli ricci.

Mi calmai subito. Evocare un congresso in America produce su un ricoverato lo stesso effetto di un idrante su uno scalmanato. "D'accordo, è a Boston. Ma quando torna?"

"Ancora qualche giorno, abbia pazienza. Perché, non si fida forse di noi?"

Questa è una domanda che qualsiasi ricoverato si sente dire almeno una volta nella vita. "Non è questo il punto," risposi visibilmente intimidito, vittima del ricatto, "lei capirà, non è una questione di sfiducia, ci mancherebbe, ma io... io desidero parlare anche con il professore. Sa, mi hanno parlato così bene del professore."

A queste parole la dottoressa coi capelli ricci guardò la dottoressa dai capelli biondi, che si girò di scatto verso gli altri colleghi. Stettero a lungo in silenzio, un silenzio carico di tensione. Chi era in errore? Chi aveva sbagliato? Io a confessare il desiderio di farmi visitare dal professore o chi mi aveva parlato bene di lui? Non l'avrei mai saputo. Il medico magro con lo stetoscopio attorno al collo si sentì in dovere di parlare: "Guardi che siamo in contatto costante con il professore. E, se posso dirglielo, lui stesso pensa che lei sia un paziente un po' difficile. Uno che parla molto, ma collabora poco".

Ecco, stavano cercando di mettermi contro il professore. Conoscevo il trucco, vecchio quanto il mondo. Ma non volli polemizzare e mostrai la massima disponibilità. "Collaboro poco? Chiedetemi tutto quello che volete, io sono sempre a disposizione."

Non l'avessi mai detto. Mi accerchiarono e per un attimo temetti il peggio. Infatti avevo visto giusto: volevano visitarmi tutti quanti. Accettai, ormai avevo dato la mia parola. Purtroppo l'idilliaca collaborazione durò poco, fino a quando la dottoressa coi capelli ricci non si imbatté durante la visita nel mio fianco destro. "Fa male?" chiese con dolcezza.

"Sì, effettivamente sì."

"E come mai le fa male il fianco destro? Sull'anamnesi c'è scritto: fianco sinistro dolente."

"Mai avuto dolori al fianco sinistro," replicai con rispetto ma fermamente.

"Eppure l'anamnesi parla chiaro: dolori al fianco sinistro."

"Giuro che ho avuto sempre e soltanto dolori al fianco destro," mi infervorai avvertendo tutto lo scetticismo della giuria.

"Forse avrà confuso i fianchi durante l'anamnesi," insinuò lei.

A quel punto la mia pazienza era già fuggita lontano: "Possiamo fare così, dottoressa: lei prima tasta l'anamnesi, e subito dopo il mio fianco dolente; il primo che sente gridare ha ragione, d'accordo?".

Quando se ne furono andati, Gennaro-colite cronica scese dal letto e mi venne incontro. "Sbagli a metterti contro l'anamnesi," mi disse con un tono davvero preoccupato, "la prossima volta cerca di essere più diplomatico."

Tè e camomilla, ma senza cucchiaino

Sono poche le soddisfazioni, in un ospedale. Scarsi i momenti attesi con piacere. Almeno uno di questi è individuabile con precisione, perché capita due volte al giorno: a metà pomeriggio quando ti portano il tè e alle 9 di sera quando arriva la camomilla. Sono momenti che pur rientrando nella routine ospedaliera vengono vissuti e gustati con maggior libertà di movimento, senza l'obbligo di fare in fretta e di uniformarsi ai tempi degli altri. Purtroppo, però, sono due momenti in cui il malato scopre l'ennesimo paradosso che scandisce la vita ospedaliera: arriva il tè nel suo bicchiere, arriva la camomilla nel suo bicchiere, arriva lo zucchero nella sua bustina, ma non arriva il cucchiaino. Nossignori, provare per credere. Il cucchiaino, per l'amministrazione ospedaliera, è evidentemente troppo costoso. Si sforano i budget, si rischia il tracollo. Morale: provate a sciogliere lo zucchero nel tè o nella camomilla senza un cucchiaino: neanche Giucas Casella ci riesce. E così quei momenti che potrebbero rappresentare un'oasi serena e gustosa nella giornata del ricoverato si trasformano in una fonte di ulteriore frustrazione. Si vede gente darsi da fare nei modi più fantasiosi e inutili per aggirare il problema. C'è chi comincia dal tentativo più goffo e fideistico: rovescia tutto lo zucchero nel bicchiere e poi spera che non si depositi sul fondo in barba a tutte le leggi della fisica. Altri, delusi da questa aspettativa mistico-miracolistica, non si danno certo per vinti. Si convincono che deve pur esserci un lasso di tempo necessario allo zucchero per raggiungere il fondo del bicchiere. Bisogna evidentemente intervenire con astuzia e straordinario tempismo in questo punto debole del meccanismo, ed essere velocissimi a bere tutto il bicchiere "durante" il percorso dello zucchero dalla superficie al fondo. Fiero di questa intuizione intellettuale, c'è chi scaraventa il contenuto della bustina nel bicchiere già appositamente reclinato e tenta di ingoiare tutta la camomilla in un'unica soluzione. Purtroppo, in genere, ottiene solo una scottatura violenta alla lingua e registra una perdita sensibile della materia prima, cioè della camomilla, rintracciabile soprattutto sulla giacca del pigiama. A questo punto tutto ciò che si ottiene è di raddoppiare l'amaro in bocca: quello causato dalla bruciatura e quello provocato dalla bevanda non ancora zuccherata. Uri Geller ha passato una vita a piegare i cucchiaini e poi a buttarli via, chi è ricoverato in ospedale darebbe invece chissà cosa per un cucchiaino piegato, storpio, impresentabile.

Quando Oreste-cirrosi epatica mi vide alle prese con il goffo tentativo di bermi una bevanda zuccherata venne caritatevolmente in mio soccorso porgendomi il suo prezioso cucchiaino che si era portato da casa. Lo ringraziai caldamente, mescolai lo zucchero e cominciai a bere con avidità. Lui, però, mi stava a pochi centimetri di distanza.

"Ne vuoi un poco?" gli chiesi pentendomi di non avergliela domandato subito.

"No, grazie," rispose, "io... veramente... volevo solo indietro il cucchiaino."

Lasciate ogni pudore voi ch'entrate

È difficile stilare una graduatoria degli esami più temibilmente invasivi cui si viene sottoposti nel corso di una degenza "per accertamenti". Una sera ne nacque una vivace discussione tra noi compagni di stanza. Talmente vivace che, richiamati dall'insolito fervore, si unirono all'estemporaneo dibattito altri pazienti di passaggio nel corridoio. Ciascuno aveva un bagaglio di esperienze più o meno disgustose da raccontare, che riteneva meritevoli di stare nelle primissime posizioni di quella particolare classifica. Secondo Oreste-cirrosi epatica non c'erano dubbi: in cima c'erano "tutti quegli esami in cui ti infilano qualcosa nel sedere". L'immagine era cruda e sicuramente efficace, anche se peccava di una colpevole genericità cui Gennaro-colite cronica si sentì in dovere di ovviare con un circostanziato uso di appropriata terminologia medica: "Intendi per esempio il clisma opaco? Brutto, certo. Con quel tubicino che ti chiedi dove vogliano arrivare, a furia di farlo avanzare, e con la pancia che ti sembra debba scoppiare da un momento all'altro a causa del liquido di contrasto". "E come ti ingannano sui tempi!" esplose Attilio-ulcera peptica, attirando l'attenzione di tutti. "Sempre lì a dirti, credendo di infonderti coraggio: abbiamo quasi finito, bene così, bravissimo, quasi ci siamo. Palle! Non hanno finito mai un bel niente, bugiardi infingardi che non sono altro." "Il fatto è che in quei momenti i secondi sembrano minuti e i minuti ore," cercò di calmarlo un signore anziano alto e magro, che dava l'idea di averne passate più degli altri. Ma il richiamo alla temperanza non sortì un grande effetto, il clima ormai era surriscaldato. "E la gastroscopia?" sibilò affacciandosi alla stanza una signora con una vestaglia fucsia. "Non è forse una forma di tortura legalizzata, la gastroscopia?" Seguì un generale mugugno di approvazione che la spinse a continuare: "Hanno voglia di darti i sedativi, e di dirti che adesso i sondini che ti scendono per la gola sono più sottili di un tempo. Come se tu, in quei momenti, potessi commuoverti per i progressi della scienza! Ma che studino piuttosto un sistema più umano di guardarti dentro la pancia! Sono andati sulla Luna senza che ce ne venisse in tasca niente, non potevano inventarsi una gastroscopia che non ti facesse vomitare al solo pensiero di quel che ti attende?". La signora con la vestaglia fucsia aveva colpito nel segno: se non era un boato quello che seguì alle sue parole poco ci mancava.

Negli ultimi giorni avevano cominciato a rivoltarmi come un calzino e anch'io avevo qualcosa da raccontare. Non potevo tirarmi indietro, era il mio momento, sarei entrato a pieno diritto in graduatoria. "Qualcuno di voi ha mai fatto la biopsia rettale?" chiesi con una certa nonchalance. Almeno un paio di annoiati cenni assertivi del capo cercarono di smontare la mia domanda facendola passare per banale, o comunque non degna di particolare considerazione rispetto a esami ben più meritevoli di una pubblica discussione. "Intendevo dire una biopsia rettale preceduta da un ciclo di purghe non completato correttamente." L'improvviso silenzio generale mi confermò di aver catturato l'attenzione dei presenti. "Prima di effettuare una biopsia rettale, si sa, occorre sottoporsi a un ciclo di purganti perché il prelievo deve essere effettuato a intestino, colon e retto completamente sgombri. Bene, anzi no. Non si dimenticano, quei geni dei medici, di prescrivermi una dose appropriata di lassativo proprio la sera prima dell'intervento? O forse la colpa sarà stata dell'infermiera, oberata di centinaia di prescrizioni cui far fronte nel giro quotidiano dei malati. O forse sarà stata colpa mia, perché invece di insospettirmi per l'interruzione della purga ne fui vigliaccamente grato, guardandomi bene dal fare domande e chiarirne i motivi. Fatto sta che la mattina dopo mi presentai alla biopsia rettale davanti al chirurgo e a una infermiera, che credettero ingenuamente di effettuare l'ennesimo intervento di routine: una parolina tranquillizzante al paziente, le formali domande di rito sulla sua salute, la preparazione degli strumenti ecc. Avevano una faccia distesa, sorridente, assolutamente inconsapevole di quanto sarebbe capitato loro di lì a poco. Non che voglia farvi credere che io stesso lo potessi prevedere con precisione, anche se qualche strano presentimento lo covavo. Comunque non si dovette attendere molto per rendere indimenticabile quella biopsia. Il tempo di allargare le gambe in posizione ginecologica davanti al volto concentrato del chirurgo e a quello seriosamente professionale dell'infermiera, di sentirmi penetrato da un corpo estraneo che non volli assolutamente guardare, di pregare perché quei momenti di estrema e imbarazzante vulnerabilità finissero al più presto. Il tempo di osservare il volto del medico contratto in una smorfia disgustata, e di sentirlo esclamare con improvvisa stizza: 'Ma è pieno di feci! Pieno di feci!'. Non giurerei che si scostò bruscamente dalla sua posizione con un piccolo salto all'indietro, non voglio che pensiate che sto esagerando. L'infermiera, una graziosa moretta che sembrava destinata ad altro nella vita, rincarò crudelmente il concetto. Storse il labbro in un'espressione incredula e disse: 'È tutto pieno di feci'. Ora, capirete bene che nella vita una persona si abitua a non essere trattata sempre con i guanti bianchi. Uno con un minimo di esperienza delle cose di questo mondo sa di ricevere una certa dose di complimenti e gratificazioni e una certa quantità di apprezzamenti negativi. Quante volte, in passato, mi era stato detto che ero 'pieno di complessi', 'pieno di problemi'. Alle elementari la maestra mi apostrofò davanti a tutti dicendomi che ero 'pieno di presunzione'. Ma 'pieno di feci' no, non me l'aveva ancora detto nessuno. Poteva essere comodamente scambiato per un insulto da strada, tra balordi di quartiere. Invece era una nuova etichettatura che mi veniva formulata in un ineccepibile contesto medico, all'interno di una struttura all'avanguardia nella ricerca scientifica. Il chirurgo, senza riuscire a smorzare la sua contrarietà, si rivolse all'infermiera con un'espressione secca ancorché pleonastica date le circostanze: 'Non lo hanno purgato'. L'infermiera moretta volle ribadirlo con scrupolo notarile: 'Non è stato purgato'. Era una frase che, a seconda delle proprie preferenze politiche, avrebbe potuto richiamare scenari staliniani o fascisti. Non ebbi il tempo di schierarmi perché mi rimandarono subito in reparto e, credetemi, quello fu un momento meraviglioso."

Seguirono attimi di grande compunzione generale, l'esperienza aveva toccato le corde di pellacce avvezze a ogni tipo di cimento ospedaliero. Poi sentii un borbottio di sottofondo, che interpretai come ulteriore forma di commento ma che, soprattutto, significava che avevo sdoganato con il mio outing il dolente capitolo delle infinite forme di imbarazzo di un degente.

"Io non sopporto quando sono in due a metterti il catetere," ruppe il ghiaccio Attilio-ulcera peptica, "e il primo infermiere dice all'altro a voce sempre troppo alta: 'No, questo è troppo grande, non va bene, ce ne vuole uno più piccolo, più piccolo'. Che gli costa stare zitti, in quei momenti, evitando oltretutto di far venire dei complessi a chi ha già i suoi problemi?" "Io invece sono rimasto shockato da quanto parlano i chirurghi e i loro assistenti mentre ti operano," gli fece eco Gennaro-colite cronica. "Te ne accorgi quando ti fanno l'epidurale. Ma quanto parlano mentre ti operano? Vieni a sapere tutto di loro: cosa hanno fatto nel weekend, le avventure extraconiugali, il conto pagato al ristorante. E tu lì, diviso da loro solo da un lenzuolone verde tirato su davanti ai tuoi occhi. Loro maneggiano coi ferri e parlano, parlano, parlano. E tu non puoi fare a meno di ascoltare, ascoltare, ascoltare, e di sentirti in imbarazzo non sai se più per te o per loro. Poi fanno finta tutti di sorprendersi, quando viene fuori che durante un'operazione hanno dimenticato nella pancia di un paziente garze, tamponi, pinze e chissà cos'altro!" "Io invece non sopporto quando viene una infermiera a farti il bidet." La frase, scandita con dignitosa fermezza, veniva dal signore anziano alto e magro che già in precedenza aveva preso la parola. Squarciò l'aria con tutto il suo carico di semplice verità troppo spesso sottotaciuta. Già, il bidet. Se in ospedale ti fanno il bidet vuol dire, secondo stretta logica, che sei immobilizzato a letto, che non sei in grado di alzarti per fartelo da solo e che occorre quindi l'intervento di un infermiere. L'infermiere può essere uomo o donna, e che ti capiti l'uno o l'altra è questione più attinente alla lotteria che a qualsiasi altra considerazione improntata magari a criteri di stretto buon senso. A Gennaro-colite cronica venne assegnato un omone che, almeno a vederlo così su due piedi, non sprizzava il massimo della delicatezza. A me invece toccò una donna. Non avevo niente contro di lei, nemmeno quando la vidi arrivare tenendo sottobraccio un catino pieno d'acqua e una spugna, particolari che la facevano pericolosamente assomigliare a una donna delle pulizie pronta a estrarre dalla tasca l'ammoniaca e l'idraulico liquido. Un moto di profonda avversione nei suoi confronti lo provai allorché, avvicinandosi con piglio deciso alle mie pudenda, sentì il bisogno di dare un nome all'imminente operazione igienista: il “risciacquino”. Esistono vezzeggiativi particolarmente irritanti, e la frase “adesso facciamo un bel risciacquino” appartiene a pieno diritto alla casistica. Forse si pensa che in un ospedale un paziente regredisca allo stato infantile, vuoi per manifesta inferiorità situazionale o per intrinseca vulnerabilità logistica. Forse si pensa che il paziente stesso si senta più rassicurato a essere trattato come un bambino. Morale: alla fine mi convinsi che potevo ritenermi fortunato se il “risciacquino” mi veniva fatto senza accompagnamento di ninnananna, o di qualche racconto di matrice fiabesca. Il bidet a letto è uno di quei momenti che le persone sane, o, per meglio dire, quelle che vivono fuori da un ospedale, definirebbero secondo la scontata categoria dialettica della privacy. Ma la cosiddetta privacy, per il ricoverato, è un concetto molto sfumato. Non è assente nella percezione comune dei malati bensì sottoposto gradatamente a una serie di aggiustamenti, di modificazioni in corso d'opera. Allo stesso modo si regola il pudore, la cui gestione è soggetta a oscillazioni proporzionali alla durata del ricovero. Più esso si prolunga e più si è disposti a fare concessioni in tal senso (in realtà è una costrizione inevitabile, ma si preferisce ritenerla un atto volontario). La prima volta che mi imbattei nell'esemplificazione pratica dell'abbinata privacy-pudore fu quando, nel corso di una visita particolarmente accurata ad Attilio-ulcera peptica che faceva presagire una serie di maneggi che uscivano dalla routine, vidi isolare il suo letto dalla vista degli altri pazienti per mezzo di una sorta di tendina. Da quel momento la salvaguardia della discrezione era affidata a quel telo, e non ci si poteva aspettare altre concessioni. Ma la presenza del telo attorno al letto di un paziente ha un aspetto ambivalente; può essere interpretata in modo più esteso e persino angosciante, perché talvolta coincide con l'improvviso aggravarsi delle condizioni di salute di un ricoverato, altre volte ne certifica il decesso celato alla vista dei compagni di stanza. Il modo in cui guardavo a questo espediente salvaprivacy cambiò radicalmente con l'esperienza: all'inizio lo scorrere della tenda aveva un suono favorevole, il suono del rispetto per la persona. Successivamente, se quello stesso frusciare spiccio mi sorprendeva nel dormiveglia, specie in quello notturno, mi assaliva un sentimento di strisciante inquietudine.

Ci si mette pure Ippocrate

L'aiutoprimario entrò nella stanza e si sedette vicino al mio letto. Occhialuto, corporatura media, viso lungo, un'ampia pelata calata come una mannaia a impedirgli ogni velleità estetica, aveva fama di essere un medico umano. Qualche ricoverato diceva addirittura che si prendesse a cuore le situazioni dei malati. Io non potevo né confermare né smentire: era il nostro primo incontro faccia a faccia. Rispetto agli altri medici, avevo comunque notato che camminava lentamente e veniva superato di continuo da tutti nel corridoio. Non era ben visto dai colleghi: una volta, origliando alla porta della sala-riunioni, sentii definirlo "un fannullone". Secondo Oreste-cirrosi epatica, che si vantava di conoscere gli uomini in virtù di un costante contatto con la clientela, l'aiutoprimario era invece semplicemente "un riflessivo". Ebbi così l'ennesima conferma che tra "attivi" e "riflessivi" non corre mai buon sangue, nemmeno tra i medici. Sono due ceppi umani troppo diversi.

L'aiutoprimario mi parlò soppesando con molta calma le parole: "Ho saputo che lei si lamenta di non avere ancora una diagnosi".

"Cerchi di capire, dottore," risposi con un tono umile e commosso da tanto insperato interessamento, "sono già passati quindici giorni e non so quanti esami..."

"Lo so, lo so. Ma dovrebbe essere contento: nessuno degli esami a cui l'abbiamo sottoposta è risultato positivo."

"Ecco il punto, dottore, mi scusi se mi permetto: mi avete rivoltato dalla testa ai piedi, costretto a sottopormi agli esami più umilianti, invasivi e dolorosi e dovrei anche essere contento che l'esito è negativo! Almeno la sofferenza fosse servita a qualcosa. E poi, mi perdoni se insisto e mi dica se ho ragione: solo in un ospedale uno deve essere contento per un esito negativo e infelice per un responso positivo. C'è da diventare scemi peggio che davanti alle domande dei referendum!"

"Ho rivisto tutti i dati del suo caso in nostro possesso," continuò il medico, "e abbiamo ormai scartato tutte le ipotesi più gravi alle quali si era pensato in un primo momento: linfoma, sarcoma, cirrosi, tubercolosi, cardiopatia, febbre familiare mediterranea."

"Escluse tutte le più gravi, lei dice. Quindi, se per caso muoio, devo dedurre che sarà a causa di qualcosa di beffardamente semplice?"

"Non la deve prendere così. Ma lei lo sa," e qui il suo tono si fece improvvisamene austero, "di quante malattie la medicina non conosce purtroppo le cause?"

"No, effettivamente non lo so."

"Neanche noi. Ma non si immagina comunque quanti malati abbiamo rimesso in piedi e riconsegnato a una vita normale."

"No, davvero non riesco a immaginarlo. Quanti?"

"È difficile dirlo, effettivamente."

"Già, avevo un sospetto del genere stando giorno dopo giorno qua dentro."

"E poi lei sa cosa diceva Ippocrate, vero?" si rinvigorì con un guizzo inaspettato.

"No... veramente."

"Diceva: i medici sanno poco del corpo umano e ancor meno conoscono l'effetto delle medicine."

Incassai senza scompormi più di tanto, da autentico

professionista della malattia. Non doveva essere un gran compagnone, questo Ippocrate. Per carità, magari era un bravissimo medico, ma non un trascinatore di folle o un entusiasta di natura, ecco. "E pensare che vi siete ispirati proprio a lui per il vostro giuramento," non potei fare a meno di dirgli. "Non ce n'era in giro uno un po' più ottimista? È come se gli innamorati si ispirassero, per suggellare un gioioso patto d'amore perenne, che so... a Giacomo Leopardi. Esempi da toccare ferro solo a nominarli, non trova?"

"Sono contento di vedere che non le manca il buonumore," concluse l'aiutoprimario e si alzò dalla sedia. "Abbia pazienza e vedrà che una soluzione la troveremo."

Si allontanò a passo lento e riflessivo. A quel punto azzardai anche io una riflessione: non avevo ancora una diagnosi, ma potevo almeno contare sul conforto di Ippocrate.

L'emozione della prima diagnosi

"Nervoso, eh?" mi disse Gennaro-colite cronica osservandomi mentre tormentavo coi denti le unghie della mano destra. "Ti capisco: anch'io ero nervoso il giorno della mia prima diagnosi. È un'emozione particolare, che solo un ricoverato con una certa esperienza può capire."

Fulminai Gennaro con uno sguardo assassino, prima di rispondergli per le rime: "Questo non è il giorno della mia 'prima diagnosi', come la chiami tu. Questo è finalmente il giorno in cui mi hanno promesso che il professore, il grande internista, verrà in questa stanza e mi dirà finalmente il nome della malattia di cui soffro. Avrò 'la diagnosi', caro Gennaro, 'la diagnosi', così mi potranno finalmente curare. E non ti permetto di fare dell'ironia".

Gennaro-colite cronica scelse di non replicare. Era un operaio vecchio stampo, fiero del suo ruolo e ruvido di carattere. Quello di mettermi in guardia dalle illusioni era il suo modo di volermi bene, ma avevo atteso quel momento troppo a lungo per poter accettare che venisse messo in discussione.

Il grande internista, seguito dalla dottoressa dai capelli biondi e dal medico magro con lo stetoscopio al collo, entrò nella stanza alle 15.25. Aprì una cartella blu dalla quale spuntavano numerosi fogli, mi guardò soddisfatto e, vedendomi teso, ruppe subito il ghiaccio: "Ho buone notizie. Dall'esame dei dati abbiamo potuto formulare una diagnosi".

"Ne ero sicuro, professore, ne ero sicuro," risposi con esagerata enfasi. "Del resto mi avevano parlato molto bene di lei, molto."

A queste parole, il grande internista si voltò di scatto verso la dottoressa dai capelli biondi, che si girò perplessa verso il medico magro con lo stetoscopio al collo. Rimasero tutti in silenzio, un silenzio carico di tensione. Chi aveva sbagliato? Io a parlare in quel modo o chi mi aveva parlato molto bene del professore? Non l'avrei mai saputo.

La dottoressa dai capelli biondi passò delle carte al grande internista. L'attesa si era fatta snervante, mi ricordava i momenti precedenti la proclamazione del vincitore del Festival di Sanremo. Per fortuna il grande internista riprese presto a parlare: "Abbiamo tutti convenuto che lei soffre di possibile Lupus Eritematoso Sistemico". Pronunciò le parole scandendole con la dovuta autorevolezza.

Sul momento rimasi interdetto, e mi vennero i soliti sensi di colpa per non avere studiato bene il latino. Mi ripresi in tempo per chiedere: "È pericoloso, questo Lupus?".

"Tenuto sotto controllo no," rispose il grande internista. "Le spiego meglio: è una malattia autoimmune che colpisce soprattutto le donne e si manifesta di solito con eritemi ben localizzati in alcune parti del corpo."

"Io non sono una donna e non ho eritemi..." dissi. Speravo che mi credessero almeno su uno dei due punti.

"Infatti è per questo che le ho detto: possibile Lupus Eritematoso Sistemico. In realtà non ne abbiamo la certezza assoluta. Ci siamo arrivati per esclusione."

Sul momento pensai che, già che c'erano, avrebbero potuto fare lo sforzo di escludere anche il Lupus. Ma poi mi pentii della cattiveria e volli saperne di più: "Mi scusi, professore, ma almeno alcuni dei miei sintomi collimano con quelli della malattia?".

"Non tutti gli organismi reagiscono allo stesso modo," mi rispose con un sorriso che intendeva essere rassicurante. "Lei, per esempio, ha avuto la febbricola solo per due giorni, mentre il Lupus generalmente provoca una costante febbricola tutte le sere. Ma la provoca alle donne, e le ho già detto che generalmente sono le donne che vengono colpite dal Lupus. Chi ci dice che anche gli uomini debbano avere una costante febbricola?"

Già, chi lo dice? Ero sufficientemente frastornato da non riuscire a dirglielo, e tacqui. Il grande internista, prima di uscire, mi illustrò il suo piano d'azione: "Le somministreremo per qualche giorno una forte dose di cortisone, per verificare l'impatto sui suoi sintomi. Dopodiché, se tutto andrà bene, potrà tornare a casa e continuare da solo la cura a dosaggi più ridotti".

Nel salutarlo rischiai un pesante incidente diplomatico, perché trattenni a stento un ululato da Lupus.

Tanti ricoveri, molta saggezza

"Non sei contento della diagnosi?" mi chiese Oreste-cirrosi epatica mentre osservavo con gli occhi sbarrati il soffitto della stanza.

"Come faccio a essere contento? Con una diagnosi di Lupus Eritematoso Sistemico non posso fare due passi in corridoio senza sentirmi, è proprio il caso di dirlo, una bestia rara."

"Eppure bisognerebbe essere contenti della propria diagnosi," continuò imperterrito, "ricordati che in fondo sei un privilegiato. Ma lo sai cosa darebbero tanti di quelli che sono qui per avere uno straccio di diagnosi?"

"Non so quello che darebbero, io so solo che non sono convinto, che mi stanno imbottendo di cortisone e l'unico effetto visibile è che adesso, a furia di 45 milligrammi per volta, mi piace persino l'infermiera grassottella che sta perdendo i capelli."

"Dammi retta," concluse Oreste prima di aprire la "Gazzetta", "mettiti tranquillo e ringrazia. Un giorno potresti rimpiangere di non avere una diagnosi."

Visibilmente stizzito, decisi di rilassarmi e andai a fare quattro passi in "piazzetta", abituale luogo di ritrovo dei ricoverati del reparto ubicato a metà corridoio. Nell'immaginario di noi malati rappresentava una specie di salotto, con una decina di sedie accostate ai muri e un televisore grande ma staticamente guasto, che serviva ormai da improvvisato specchio. Era bello poter andare con le proprie gambe "in piazzetta": per dirla con quella vecchia canzone di Giorgio Gaber, equivaleva a far finta di essere sani.

Egidio-by pass, ingegnere grasso e saggio con cui avevo fraternizzato nei giorni precedenti, mi venne incontro dandomi una pacca sulla spalla: "Ho saputo della sua prima diagnosi, complimenti, congratulazioni, non vedeva l'ora, eh?".

"Già, ma francamente speravo di meglio."

"Ma lei è appena arrivato, ed è oltretutto al suo primo ricovero! Cosa si aspettava, il colpo di bacchetta magica?"

Forse aveva ragione lui, e approfittai della sua presenza per capire qualcosa di più dei meccanismi ospedalieri. "Quindi, secondo lei, io sto sbagliando ad agitarmi tanto?" gli domandai con deferente rispetto.

"Figliolo mio, ma è naturale! Lei mi sembra un giovincello idealista e sprovveduto. La prima cosa che bisogna tenere a mente, entrando qui dentro, è che un ospedale non è poi un posto così brutto come lo dipingono. Solo che bisogna essere in ottima forma fisica e spirituale per reggerlo, e non è da tutti. Ma non è colpa di nessuno se non della nostra salute deficitaria, si ricordi."

"E allora tutti quelli che vengono qui sperando di guarire? Cosa sono, ingenui?"

"È chiaro, tutti sperano di guarire la prima volta, di trovare la causa vera dei loro disturbi e di poterla eliminare definitivamente. Ma è come quando, da ragazzi, si sogna l'amore eterno e assoluto. Basta fare qualche esperienza e, dopo le prime delusioni, si abbassano le pretese e a quel punto si può essere moderatamente felici. In ospedale è lo stesso, basta sapere come stanno le cose e non pretendere la luna. Ora anche lei sa che, come una rondine non fa primavera, così una diagnosi non fa necessariamente una malattia."

“Quindi è una questione di pretese eccessive, di presunzione...”

“Vede quel gruppetto di malati là in fondo,” indicò con un dito un capannello di persone vicino al telefono a gettoni. “Non ce n’è uno che non sia già passato per questo ospedale almeno due o tre volte. Eppure qualcuno di loro, in questo modo, è persino riuscito a raggiungere un’autentica saggezza, un salutare senso della realtà: i più intelligenti hanno capito che quando entri in un ospedale non sei più una persona, ma un caso. E non per niente, se ti capita di guarire, è per caso.”

Ci salutammo e ciascuno tornò alle rispettive stanze. Sdraiandomi sul letto, non sapevo se invidiare anch’io la saggezza di chi ha tutta una vita di ricoveri alle spalle.

La dottoressa innamorata del cortisone

"Guardi che sbaglia a essere scettico. Il cortisone in realtà è un farmaco meraviglioso, e c'è troppa facile letteratura negativa sul suo conto." La dottoressa coi capelli ricci, in piedi vicino al mio letto, cercava di convincermi magnificando le doti del farmaco che ormai da giorni mi veniva somministrato in dosi massicce. Mi ero informato: la dottoressa coi capelli ricci non era sposata. Dopo una breve e classica infatuazione per il grande internista, aveva scelto una vita casta ed essenzialmente solitaria. Il suo grande amore, ora, era il cortisone. "Potente", "straordinario", "incisivo". Mancavano solo gli appellativi di "instancabile" e "generoso" e a quel punto il cortisone sarebbe stato davvero un amante superlativo. Dal canto mio, certo che ero scettico. Mi si stava gonfiando la faccia, la pressione si stava impennando e cominciavo ad avere simpatie erotiche, oltreché per l'infermiera grassoccia che perdeva i capelli, anche per la caposala prossima alla pensione.

"Vede, dottoressa," dissi, "non è che io ce l'abbia con il cortisone, anzi. Sono convinto che sia un farmaco meraviglioso, il dolore al fianco mi è passato e conosco quel vecchio proverbio milanese che pressappoco recita: 'se te ciàpet il curtisun, te scompaiono i dulùr'. Ma non è questo il punto. Siccome mi è sembrato di capire che la mia diagnosi di 'Possibile Lupus Eritematoso Sistemico' sia sempre meno possibile e sempre più improbabile, mi chiedevo se non fosse stato meglio scegliere una terapia meno aggressiva dei 45 milligrammi al giorno di Deltacortene. Tutto qui. Lei sa bene quel che si sente dire sul cortisone."

La dottoressa coi capelli ricci mi guardò con l'espressione che hanno tutti i medici di fronte a quei pazienti cosiddetti "difficili", cioè dotati di un minimo di capacità raziocinante. Fece una pausa di qualche secondo e passò nuovamente all'attacco: "Il cortisone copre una serie molto articolata di affezioni, per questo abbiamo deciso di darglielo, in forma massiccia all'inizio e poi via via a scalare. Fra qualche giorno potrà continuare la cura a casa, in attesa di tornare qui per i controlli di routine".

"Me l'aveste dato subito, il cortisone, avrei almeno evitato di fare una caterva di penosissimi esami, di cui alcuni lesivi della dignità umana," le risposi con orgogliosa fermezza.

"Non saremmo stati dei buoni medici a prescriverglielo senza sapere di cosa soffrisse."

"Ah sì? Forse che adesso lo sapete?" mi scappò di bocca.

La dottoressa coi capelli ricci rischiò per un attimo di farsi saltare la permanente. In quell'istante capii come sia facile leggere nel pensiero di un altro. Nella sua testa passarono tutti gli anni dell'università, i duri sacrifici per conseguire la laurea, il faticoso apprendistato, i turni notturni. E tutto questo per ridursi a parlare con me, una specie di miscredente del cortisone! Invece di sfogarsi, la dottoressa coi capelli ricci decise di concludere la conversazione con classe: "Non abbia timori. Preso sotto controllo medico, il cortisone non ha controindicazioni rilevanti. Tutt'al più alla lunga".

Rimasto solo, cominciai a fare qualche inevitabile supposizione sull'inquietante espressione "alla lunga". La vita media di un uomo, in fondo, non è poi così lunga, e si può quindi sperare di sottrarsi alle ritorsioni degli effetti collaterali. Se fossi vissuto serenamente senza dolori e poi, dopo qualche anno dalla sepoltura, la mia tomba con i miei poveri resti avesse dato segni dell'effettivo insorgere delle preventivate "controindicazioni", be', ci avrei potuto mettere la firma. Era un patto che si poteva ben fare. Avrei obbedito alla prescrizione del cortisone, ma le dimissioni dall'ospedale e la conseguente convalescenza mi permettevano una certa libertà d'azione. Ne avrei approfittato per sentire altri pareri. Rasserenato da questa convinzione, poco dopo mi addormentai.

In pellegrinaggio dal Massimo Esperto

Naturalmente, il Massimo Esperto di Lupus Eritematoso Sistemico abitava lontano e dovetti prendere il treno. Ogni malato scopre presto che ogni "massimo esperto" di qualsivoglia malattia esercita sempre, beffardamente, in una città diversa da quella dove vive il paziente interessato a contattarlo. Cosicché il viaggio della speranza verso il consulto di prestigio finisce per assomigliare a un pellegrinaggio. Il Massimo Esperto mi ricevette alle 5 del pomeriggio in un elegante appartamento trasformato in studio medico, con saloni grandi e pieni di quadri. Era alto, anziano, e aveva una postura severa che faceva presagire, fin dal primo approccio, il suo intrinseco diritto a reclamare una parcella salata. Lo affrontai con timore e sussiegoso rispetto: "Sono qui per avere conferma di una diagnosi di Lupus Eritematoso Sistemico che mi hanno affibbiato all'ospedale da cui sono stato dimesso da poco. Non ne sono convinto, e vorrei avere un suo parere".

"I suoi medici curanti sanno che lei sarebbe venuto da me?" domandò accigliato.

"No, è stata un'iniziativa del tutto personale." Mi sentivo un verme, un traditore, un minus habens, un ingrato e forse anche un delinquente.

Il Massimo Esperto, invece, sembrò accogliere quella notizia come una liberazione: "Un paziente ha tutto il diritto di chiedere altri pareri. Del resto la salute è sua, non le pare?".

"Era mia," lo corressi per puro e semplice amore della verità.

Il Massimo Esperto guardò la cartella clinica che gli avevo portato e la scrutò come se avesse davanti una pagella ignominiosa. Ricopiò velocemente alcuni dati sul suo archivio. Poi mi fece accomodare sul lettino e mi tastò qua e là senza particolare impegno. Come al solito, una parte di me faceva il tifo perché la visita fosse scrupolosa fino al limite della pedanteria, mentre l'altra desiderava soltanto che tutto finisse nel più breve tempo possibile. Il match fu decisamente impari, già segnato in partenza dalla lunga coda degli altri pazienti che attendevano nella sala d'aspetto. Tornati entrambi alla scrivania, lui si sedette mentre io finivo di rivestirmi. "Non ci sono gli estremi per diagnosticare un Lupus." Il tono soddisfatto con cui lo disse non riuscì a contagiarmi.

"In che senso... non ci sono gli estremi?"

"Glielo spiego velocemente: esiste una apposita scala diagnostica di dieci elementi specifici che caratterizzano questa malattia. Lei, di questi elementi, ne ha soltanto tre, di cui uno dubbio. Tutto è possibile, nel suo difficile caso, ma almeno il Lupus lo possiamo tranquillamente scartare."

"Che buffo!" esclamai in un principio di attacco isterico. "Pensare che finora fior di medici di un fior di ospedale avevano scartato tutto il resto e si erano invece orientati solo sul Lupus!"

"Non ci sono gli estremi, non ci sono gli estremi."

"Ci sono almeno gli estremi perché possa essere un po' incazzato?" provai a scuoterlo un poco.

"La prenda con filosofia."

"E dopo la filosofia, cosa mi consiglia?"

"Di stare alla finestra e aspettare."

"Filosofia, finestra e aspettare?"

"Già, in attesa che il fisico dia altri segnali. E, mi raccomando, niente più cortisone! Il cortisone nasconde, copre, impedisce ai sintomi di raccontare la storia della malattia."

"Ma se il cortisone è l'unica medicina che mi è stata data! L'unica filosofia terapeutica che sto seguendo!"

"Non è una situazione facile, ma cerchi di affrontarla senza lasciarsi sopraffare dall'ira. In medicina, si ricordi, non esistono certezze."

"Ricapitoliamo: filosofia, finestra, aspettare, niente cortisone, niente certezze."

"Più o meno. Mi richiami, naturalmente. Mi faccia sapere, mi tenga al corrente."

Aveva fretta, il tempo era scaduto. "Pago a lei o alla segretaria?"

"A me, grazie," rispose con una certa malinconia nella voce. Ciò mi fece supporre che se avessi pagato a tutti e due lo avrei fatto sicuramente più felice.

"Quanto le devo, professore?"

"Cinquecento euro, grazie," disse a volto scoperto.

Pagai in biglietti da cento cercando almeno di ricordarmi i numeri di serie. Poi il Massimo Esperto mi accompagnò velocemente alla porta.

In medicina non c'è davvero niente di certo. Tranne le parcelle.

La visita "a porzioni"

L'Illustre Pneumologo mi ricevette con estrema sobrietà, cioè senza quasi degnarmi di uno sguardo, nel suo studio poco appariscente, forse per motivi fiscali. Era un ometto grassottello, con la faccia tonda e simpatica. Sulla scrivania teneva la foto di due donne diverse, che si guardavano in faccia loro malgrado a una certa distanza l'una dall'altra, e di quattro bambini, due per parte.

Cominciai a esporgli il mio caso penoso di malato desideroso di certezze.

"Lei quindi è un cercatore di diagnosi," mi interruppe nel mezzo del racconto.

"Be'... se proprio vogliamo usare questa espressione, diciamo di sì."

"E da me, quindi, vorrebbe una diagnosi?"

"Possibilmente, professore. Mi hanno parlato così bene di lei!"

A queste parole, l'Illustre Pneumologo guardò di scatto la foto della prima donna alla sua sinistra, che a sua volta stava già guardando tutta sorridente la foto della donna posta di fronte a lei. Quest'ultima fece da specchio alla faccia sorpresa del professore. Seguì un silenzio carico di tensione. Chi aveva sbagliato: io a parlargli così o chi mi aveva parlato bene di lui? Non l'avrei mai saputo.

"La mia situazione generale è senz'altro complessa,"

continuai, "ho un doppio versamento, sia pleurico che addominale, e i medici non riescono a..."

"Non mi parli dell'addome, per favore!" si agitò come morso da una tarantola. "La prego, non sconfini. Io sono uno pneumologo. Il mio compito si esaurisce da qui a qui." Fece un gesto con le mani delimitando sul suo stesso corpo la zona toracica cui si dovevano circoscrivere i suoi interessi e le sue competenze.

"Mi scusi, non volevo..." balbettai un po' confuso, "ma ho l'impressione che il mio caso riguardi invece, come dire, una porzione più vasta del corpo." Nel dire "porzione" provai una sensazione sgradevole, ma cercai di non inquietare ancora di più l'Illustre Pneumologo.

"Io sarò felice di visitare approfonditamente i suoi polmoni, potrei parlarle per ore di polmoni, so tutto dei polmoni, ma quando parla con me desidero che non si cambi discorso come se niente fosse."

Da quel momento soppesai con molta attenzione le parole. Era una situazione frustrante, in cui pensieri e parole uscivano dalla bocca rattrappiti e repressi. Già il parlare di "esami del sangue", per esempio, rischiava di evocare percorsi lunghi e tortuosi all'interno del corpo, e senza volerlo avrei potuto nominare qualche organo periferico, o qualche muscolo lontano dai polmoni. A ogni modo fui bravo, perché l'Illustre Pneumologo non diede altri segni di insofferenza e mi si rivolse anzi con una certa dolcezza: "Lei deve capire che la medicina è una scienza complessa, ed è bene che ciascuno non sconfini dalle sue competenze. Oggi ci sono un sacco di medici che invece di formulare diagnosi raccontano diagnosi. Capisce la differenza, la sfumatura?".

"Vuol dire che nel mio caso..."

"Sia chiaro che non ho detto questo!" mi bloccò spaventato. "Lei deve imparare a cogliere le sfumature."

"Del resto in medicina non esistono certezze assolute," ammiccai viscidamente la frase del Massimo Esperto di Lupus.

"Certezze?" disse. "Ma se io non sono certo nemmeno di essere nato!" Guardò prima la foto della famiglia alla sua sinistra e poi quella della famiglia alla sua destra.

"Be', questo effettivamente complica le cose," dovetti ammettere. Seguì qualche attimo di silenzio. L'Illustre Pneumologo non avrebbe potuto aiutarmi. In fondo aveva una sua etica, un suo rigore.

"Quanto le devo, professore?"

"Non ho potuto dirle niente di preciso, non posso chiederle più della tariffa minima prevista in questi casi: cinquanta euro, grazie."

Non sapevo se essere contento o deluso. Allontanandomi dal suo studio, la delusione per non avere fatto passi avanti nella ricerca di una diagnosi "vera" si intrecciava con la soddisfazione di avere risparmiato un bel po' di soldi. L'ultimo malinconico pensiero però mi lasciò uno strascico triste. Che la storia della mia complessa e sconosciuta malattia valesse solo cinquanta euro, be', non mi andava proprio giù.

L'Omeopata Equilibrato

Tanto valeva sperimentare anche la medicina alternativa. Furono i miei parenti a insistere. In primis mia moglie e a seguire tutti gli altri, compresa una vecchia zia che sentivo di rado ma che per l'occasione non trovò di meglio che dare aria a una di quelle frasi di stampo cabalistico che avrei preferito mi fossero risparmiate: "Hai fatto trenta, fai trentuno".

Passavano i mesi, le condizioni di salute rimanevano stagnanti e una "diagnosi sicura" appariva ancora lontana. "Devi andare a fondo della questione, a fondo," mi dicevano tutti. A fondo mi sembrava di andarci, ma bisognava intendersi in quale senso.

L'Omeopata Equilibrato aveva un viso rassicurante e disteso. Tutto in lui rimandava a un'immagine di salute inattaccabile: l'espressione del volto, serena. I muscoli delle articolazioni, rilassati. La corporatura, asciutta e scattante. Il tono della voce, caldo e pastoso. Solo le unghie delle mani facevano un po' schifo, come se rifiutasse l'idea che anche un minimo aspetto, in lui, potesse avere bisogno di un intervento in qualche modo invasivo.

"La vedo decisamene gonfio," esordì come per far notare la differenza tra me e lui.

"Cosa vuole... è il cortisone. Vivo di pane, amore e cortisone," provai a metterla sul ridere.

"Male, molto male," disse, "il cortisone rappresenta la cattiva coscienza della medicina ufficiale. Quando non sanno cosa fare, te lo appioppano senza pensarci troppo e poi sono cavoli del paziente uscirne fuori."

"Non me lo dica," risposi. Finalmente avevo trovato una persona autorevole che la pensava come me. "Io ho provato a esprimere dei dubbi ma può immaginare come sia difficile orientarsi in questi casi. Pensa di poter fare qualcosa per me?"

L'Omeopata Equilibrato mi squadrò con attenzione e poi mi disse di stendermi sul lettino. La visita fu lunga e ricca di sorprese. "Le fa male qui? E qui? Cosa sente qua?" Non solo domandava, ma ascoltava le risposte. Non accadeva come in ospedale, dove i medici ti accerchiano in metà di mille, ripetono tutti le stesse cose e non hai voglia di confidarti perché non c'è "intimità". No, a lui avrei potuto confessare anche i più imbarazzanti e rumorosi fenomeni di reiterato meteorismo senza vergognarmene. E poi non accadeva come dagli "specialisti". Con lui potevo parlare liberamente di tutti gli organi, e non di uno solo! Feci la prova prendendola molto alla larga. Parlai innanzitutto del mio stato infiammatorio generalizzato ma senza entrare nello specifico. Poi però non ci furono più dubbi: nominai il versamento pleurico, e non fece una piega. Lo misi al corrente del versamento addominale, e non mi interruppe. Menzionai in rapida successione fegato, cuore, pancreas, tendini e milza e mi diede l'impressione di conoscerli davvero tutti. Non aveva tabù, non aveva settori specifici di competenza oltre i quali non si poteva sconfinare, potevo davvero parlare di tutto.

Lui lesse la sorpresa nei miei occhi: "Io prendo in esame il malato, e non la malattia. Mi interessa una valutazione complessiva, olistica, armonica dell'individuo.

Il concetto di malattia è ormai superato, ogni persona reagisce a suo modo".

Incantato da una tale spiegazione, commisi l'errore di disunirmi, di lasciarmi prendere dall'euforia. "Quindi lei pensa di poter fare qualcosa per me!" dissi. "Potrà finalmente individuare l'esatta diagnosi!"

"Anche la diagnosi è un concetto ormai superato," precisò. Mi sentivo come uno di quei personaggi dei cartoni animati che piombano a terra ma con conseguenze assai meno dolorose. "Bisogna semplicemente ricostituire un equilibrio generale che si è spezzato."

"E chi lo ha spezzato?" chiesi ingenuamente.

"Lei, è ovvio. Non c'è malattia che sorga senza un coinvolgimento psichico. Corpo e psiche, problemi fisici e problemi psicologici, sono sempre in relazione."

"Ma neanche in ospedale mi sono sentito trattare così duramente! Non solo sono malato e nessuno sa scoprire che diavolo di malattia abbia, ma adesso devo pure convincermi che la responsabilità è mia..." Ero paonazzo, e stentavo a controllarmi. "È quasi meglio la medicina ufficiale!" mi uscì dalla gola con una forte carica di aggressività.

"Sta a lei scegliere," rispose l'Omeopata Equilibrato senza alterarsi, "o il cortisone facile, che rimanda la soluzione del problema, o un lungo lavoro di recupero dell'equilibrio."

"Lungo... quanto?"

"Chi può dirlo?"

"Scommetto che anche in omeopatia non ci sono certezze."

"Quel genere di certezze che lei desidera, no di certo."

"E se non riuscisse a guarirmi, potrà dare sempre la colpa a me che ho perso l'equilibrio, vero?"

"È ovvio che lei dovrà collaborare. A questo punto tutto quel cortisone che ha preso può aver già compromesso la situazione."

Mentre lo pagavo, e neppure poco, provai per la prima volta nostalgia del grande internista sempre assente, della dottoressa coi capelli ricci innamorata del cortisone e dell'infermiera grassottella che perdeva i capelli. A volte in ospedale ti considerano un numero, è vero. Ma almeno non ti fanno sentire uno squilibrato.

Il Dietologo Inflessibile

A un certo punto, nel calvario sanitario di un cercatore di diagnosi, arriva il momento in cui ti convinci che alla base della malattia ci potrebbe essere un problema legato al cibo, alla cattiva alimentazione, o a qualche specifica intolleranza alimentare.

Diamine, il cibo! Come avevo fatto a non pensarci prima? Se l'uomo è ciò che mangia, è ovvio che si ammala se sbaglia ad alimentarsi. Cominciarono a scorrermi vorticosi flashback delle mie abitudini alimentari. Pranzi, cene, colazioni, merende, aperitivi: tutto rivisitato sotto la nuova luce di un'autocritica spietata. Succulenti piatti di tagliatelle panna prosciutto e funghi, fin lì delizia non solo del palato ma anche dei pensieri che vi si accostavano appena possibile con onirica goduria, si trasformarono in agenti patogeni più crudeli di Goebbels, a veri e propri killer della nostra vita intestinale. Ogni successivo passo si adeguò di conseguenza alla improvvisa esigenza di una palingenesi alimentare, di una ambita verginità triglicerica. Basta mangiare male. Basta mangiare troppo. Basta sentirsi gonfi, unti e cattivi.

Il Dietologo Inflessibile mi ricevette nel suo studio poco appariscente ma di spartana funzionalità. Nella sala d'attesa le sedie erano semplici e piuttosto scomode, probabilmente commisurate alla vita di stenti cui il paziente avrebbe dovuto adeguarsi fin dal primo impatto. Sul tavolino al centro era posizionata qualche rivista di svago e gossip, come capita spesso di trovare nei centri medici, ma senza la pretesa di soddisfare eventuali esigenze di informazione aggiornata: i settimanali erano di qualche decade prima, e i mensili retrodatavano ancora di più e senza ritegno, tanto che su quelle pagine Al Bano stava ancora con Romina. Forse un simile esibito disprezzo per la moderna ansia bulimica dell'informazione in tempo reale conteneva qualcosa di metaforicamente connettibile al regime salutista che si doveva respirare fin dai primi approcci. Sulle pareti nessun quadro, a parte la stampa di una natura morta da fin troppo tempo e una cornice con l'attestato di non so quale benemerenza acquisita dal Dietologo Inflessibile. Nessuna traccia, invece, di quella pergamena che mi ero immaginato dovesse campeggiare con fiero disincanto nello studio di ogni dietologo, a mo' di aforisma: "Tutti devono mangiare per vivere, qualcuno vive per mangiare e qualcun altro dicendo agli altri cosa devono mangiare". Accanto a me, in attesa di essere ricevuti, un paio di persone che mi colpirono per la loro magrezza. Sospettai facessero didascalicamente parte dell'arredamento. O forse, sperabilmente, erano solo alla fine della dieta. Quando arrivò il mio turno, una segretaria doverosamente filiforme mi introdusse al cospetto del Dietologo Inflessibile. Che fosse inflessibile lo avrei scoperto di lì a poco, sulla mia pelle. Quanto alla sua, notai che era serenamente rotondetto, sorridentemente ben pasciuto. Sul momento mi parve persino che tirasse un po' indietro la pancia mentre mi salutava, dritto davanti alla scrivania, ma cercai subito di scacciare quell'impressione maligna. La stretta di mano energica, di quelle che vorresti sempre sentire quando saluti qualcuno, dava l'idea di un uomo che sapeva il fatto suo e intendeva trasmettertelo immediatamente. Volle sapere tutto del mio stato di salute e mi lasciò parlare senza mai interrompermi, se non per chiosare alcuni miei passaggi particolarmente infervorati con espressioni di partecipata comprensione, tipo: "capisco", "certo", "credo bene". Poi si informò sul mio stile di vita alimentare, ma a quel punto diventò molto meno comprensivo. Non che mi aspettassi che commentasse con un magnanimo "capisco", o con un assolutorio "credo bene", la descrizione delle gustosissime schifezze di cui ero abituato a cibarmi. Ma i suoi silenzi gravidi di palpabile tensione acuirono il mio disagio e mi indussero a ridimensionare viscidamente, lungo il percorso dialettico, la portata di certe abitudini alimentari sconvenienti, a rimpicciolirle, ad ammantarle persino di buone intenzioni compensatorie, che di certo non avevo mai avuto. I miei adorati sughi cominciarono a essere definiti "sughini", la panna di cui andavo ghiotto venne sempre accompagnata dall'aggettivo "poca", gli snack fuori pasto consumati con la stessa avidità di un bambino alle prese con le sue merendine vennero confessati all'interno della dimensione temporale dell'"ogni tanto". Senza che me lo chiedesse, barai sul mio peso effettivo togliendomi qualche chilo: mi sentii colpevole di falso in bilancia. Non ci fu bisogno di andare avanti per molto. Il Dietologo Inflessibile mi chiese se mi ero mai sottoposto a un esame di intolleranza alimentare, e risposi che sì, qualche anno prima avevo effettuato, senza ricavarne le certezze sperate, una prova di sensibilizzazione cutanea alla caccia di generiche intolleranze per via dell'asma di cui soffro fin da piccolo; forse oltre alle polveri e agli acari e al polline si poteva annidare la responsabilità di qualche alimento tipo il latte o chissà cos'altro ancora. Mi disse che da lui usavano un esame innovativo anche se non convenzionale: il Vega test. Si basava sul presupposto che la resistenza elettrica della pelle subisce delle variazioni quando la cute è messa in contatto con cibi allergizzanti. Un particolare strumento registra quindi le variazioni energetiche dell'organismo prima e dopo il contatto con gli alimenti che il paziente è solito consumare. In caso di intolleranza, si procede a una dieta a eliminazione, restringendo il campo dei cibi assimilabili. Quanto di scientificamente provato c'era in quella novità strumentale che mi veniva prospettata con tanta fiduciosa sicurezza e che ai miei occhi assomigliava a un estroso tentativo di conferire autorevolezza tecnologica all'indirizzo omeopatico, alla teoria tante volte orecchiata della fedele corrispondenza tra ciò che si mangia e l'equilibrio energetico che si crea (o si scompensa) a seconda della qualità delle sostanze assimilate? Non era il caso di stare troppo a questionare. Avevo provato già tante strade, avrei percorso anche questa. Ma rimaneva una domanda, pressante: "Dottore, ho capito bene? Dovrei tenere nella mano campioni del cibo che mangio abitualmente?". "Esatto," rispose con disarmante naturalezza, "li dovrà raccogliere a casa e poi portarli da noi impacchettati singolarmente. Una piccola quantità del riso che consuma, della pasta che è solito mangiare, un pomodoro e una mela e una banana o qualunque tipo di verdura e frutta di cui si nutre, i tipi di carne rossa e bianca che fanno parte della sua alimentazione, una barretta di cioccolato se ne va ghiotto, i formaggi, anche l'acqua del rubinetto chiusa in un piccolo contenitore e l'olio con cui condisce gli alimenti. Più cibi testeremo e più potremo essere precisi sulle sue eventuali intolleranze alimentari e predisporre di conseguenza la dieta più opportuna."

Avevo una settimana per compiere la missione. Tornato a casa mi ci volle del tempo e non poche energie per convincere mia moglie che non si trattava di uno scherzo. E che avremmo proprio dovuto impacchettare un fusillo riponendolo con amorevole cura in un quadratino di carta stagnola, adagiare delicatamente una scaloppina su un letto di carta assorbente evitando la tentazione, già che c'eravamo, di darle un colpetto di ferro da stiro per renderla più presentabile, isolare il gorgonzola tanto amato (e il relativo odore) sigillandolo con maniacale determinazione, sottrarre mele e pere al cestino della frutta e confezionarle in un modo che assomigliava pericolosamente a un "pacchettino regalo", neanche fossimo sotto Natale. Tutte operazioni compiute con sguardo e atteggiamento carbonaro, dopo aver abbassato nervosamente le tapparelle di casa e aver guardato intorno con circospetta inquietudine.

Al termine della raccolta, e nell'imminenza di dover trasportare il tutto nello studio del Dietologo Inflessibile, il riepilogo riassuntivo scandito a voce alta nel timore di avere dimenticato qualcosa assomigliava a certi febbrili check up familiari prima della partenza per le vacanze, a valigie appena chiuse: "Sicuro che non dimentichiamo niente?". "Non so, non credo." "Pasta? Olio? Burro?" "Ci sono." "Riso, filetto, cioccolata, aceto?" "Sì, ricordo perfettamente di averli messi via, il filetto all'ultimo momento per non farlo andare a male." "Pere? Pomodori? Lattuga? Sugo di pomodoro?" Ogni cenno assertivo della testa era una liberazione; dimenticarsi il sugo di pomodoro o volerne accertare l'avvenuto impacchettamento non sarebbe stato come controllare se le calze o le camicie erano al loro posto. L'idea di dover spacchettare alla ricerca di una conferma faceva sì che, anche in presenza di un dubbio, lo si sotterrava all'istante nei recessi della propria coscienza e senza il minimo senso di colpa.

Completata l'opera, ebbi la conferma di quanto la malattia imponga e ottenga una disciplina ferrea e quasi fideistica non solo nel malato ma anche in chi gli vive accanto. Come aveva perfettamente dimostrato mia moglie con il cimento dell'impacchettamento, non c'è prova da sostenere che non venga affrontata con la stessa tetragona obbedienza con cui un soldato è costretto ad accettare, in guerra, anche gli ordini più assurdi o irrazionali. Li si esegue con lo spirito di chi sente di non avere alternativa e spera solo che la guerra finisca presto per poter tornare a una vita normale. La malattia ti fa sentire intimamente solo anche se hai vicino persone che ti vogliono bene e ti aiutano, la malattia ti mette in una condizione di vulnerabilità che esaspera quel sentimento di intima solitudine che affiora periodicamente in ogni essere umano anche in condizioni di vita ordinarie. L'aiuto delle persone care, pur non riuscendo a disinnescare l'angoscia di chi si sente allo sbando, serve a spalmarla in dosi frazionate attraverso la pratica quotidiana delle incombenze concrete cui occorre far fronte, dei fastidi piccoli e grandi da condividere, delle tappe sanitarie da programmare che arrivano persino a funzionare come fattori distraenti, se si può contare su questo specifico tipo di solidarietà pragmatica.

Il giorno dell'appuntamento con il Dietologo Inflessibile per l'esame di intolleranza alimentare misi tutti i pacchettini in un borsone sportivo. Mascherarli all'interno di una ventiquattrore come avevo pensato nella veglia notturna non mi sembrava opportuno, e infilarli in una valigia tradizionale mi pareva ridicolo. Il borsone, è vero, mi faceva apparire ai miei occhi ormai alterati dallo stress un potenziale adepto di Al Qaeda in missione, ma mi consolava pensare che se una squadra di poliziotti mi avesse bloccato come in un film con le pistole spianate e urla concitate nei pressi di una fermata della metropolitana, e tenendomi a faccia in giù sull'asfalto gli agenti avessero ispezionato il borsone, la scoperta del contenuto avrebbe provocato probabilmente più imbarazzo a loro che a me. Giunto senza intoppi allo studio medico e accomodatomi nella stanza dell'esame, con tanto di macchinario moderno in bella vista, aprii la borsa e la vuotai dei pacchettini. Mi ricordò la consegna dei campioni di feci alle impiegate dei laboratori di analisi. In effetti le analogie non mancavano. La cura con cui avevo avvolto il cibo non era stata certo inferiore a quella con cui ogni paziente cerca di camuffare il contenuto del raccoglitore precedentemente acquistato in farmacia, soffocandolo di imbottiture nel tentativo di renderlo quanto più asettico e anonimo possibile. Al momento della consegna speri che non ci sia coda, per sbrigare in fretta la formalità, ma scopri che una coda c'è sempre, forse indotta sadicamente dalle stesse impiegate che ti convinci si divertano a scrutare con calma il vario campionario umano di portatori di feci, ognuno con un proprio differente modo di dissimulare l'imbarazzo: chi nasconde il pacchettino in un piccolo sacchetto, chi in uno grande facendo intendere di essere appena andato a fare la spesa al supermercato e di essere capitato lì per caso, chi violenta la tasca della giacca per farci stare il contenitore lasciando libere le mani di sottintendere una più dignitosa libertà di movimento, come se si dovesse soltanto chiedere un'informazione. Solo pochi e sfacciati spavaldi hanno l'ardire di tenere in mano la scatoletta nuda e cruda senza metterla nel contenitore o infiocchettarla in alcun modo, lasciando intravedere con chiarezza forma e dimensione del contenuto. Rari maniaci esibizionisti che mirano, evidentemente, a gareggiare a chi ce l'ha più dura. È al cospetto dell'impiegata del laboratorio di analisi che per tutti, timidi e spavaldi, arriva il momento del redde rationem. Un'antica usanza purtroppo dura a morire, anche nell'era telematica delle sigle e dei codici identificativi considerati spersonalizzanti in altri contesti, non consente ancora a chi si sottopone all'umiliante consegna pubblica delle proprie feci un minimo di privacy sulla loro genealogia. A tutt'oggi sei costretto ad attaccare un'ottocentesca etichetta con il tuo nome e cognome sul contenitore, mentre in una situazione del genere vorresti essere solo "un numero", come beffardamente accade tuo malgrado in tanti altri momenti della vita. Davanti all'impiegata, pagheresti per poter usare un nickname di fantasia, o mostrare un'etichettatura con una username in grado di rendere meno automatica l'identificazione. Invece sei obbligato a lasciare una firma estesa e inequivocabilmente leggibile sul tuo prodotto digestivo, senza poter contare su alcun ausilio asetticamente burocratico. Poi arrivi al bancone della raccolta (Gennaro-colite cronica amava definirlo sarcasticamente "lo sportello del deposito"), e l'impiegata prima guarda te e poi la scatoletta, o viceversa (non ho ancora capito cosa sia meglio o peggio). Tu, evidentemente svantaggiato, puoi solo guardare lei e sentire echeggiare a voce sempre troppo alta il tuo nome udibile anche dall'ultima persona in coda: "Bene, a posto così, signor Levi".

Il suono della voce del Dietologo Inflessibile interruppe il flusso dei miei pensieri. I pacchettini erano ormai stati deposti in ordine sparso sul tavolo, la macchina era pronta e il primo involucro etichettato alla voce "spaghetti" venne stretto dalla mia mano destra chiusa a pugno. Era ora di iniziare l'esame. Una sorta di tachimetro segnava dei dati che venivano attentamente vagliati dal Dietologo Inflessibile e dal suo assistente, ma presto smisi di guardare come quando ti infilano l'ago nel braccio per un prelievo e tu preferisci distogliere lo sguardo dalla vista del sangue, della vena sporgente, del flacone che si riempie. Temevo che per ripicca la macchina potesse dare risposte ancora più severe di quelle che cominciavo a presagire. Agli spaghetti seguirono le bistecche di manzo tanto amate, lo stracchino che avevo sempre considerato innocente, il semplice sugo pomodoro e basilico che è l'orgoglio della nostra cucina mediterranea, la torta di cioccolato domenicale fatta con l'antica ricetta lasciata in eredità dalla nonna, e poi la fettina di prosciutto cotto di cui la pubblicità televisiva aveva sempre decantato la qualità e il pregio, quindi il bicchiere di Chianti consumato a pasto seguendo diligentemente la dose consigliata da qualsiasi medico. Risultai intollerante non solo a quegli alimenti che, per la loro libidinosa capacità di dare piacere al palato, ti aspetti vengano cassati da qualsiasi Alta Corte Alimentare, tipo cioccolato, panna, pancetta, dolci e fritture varie. A queste rinunce sei preparato, seppur a malincuore. Lo scenario, invece, si fa durissimo quando scopri che secondo i tabulati fedelmente trascritti dovrai fare a meno della pastasciutta tradizionale e deviare su quella deglutinata, rinunciare a quasi tutti i tipi di formaggio tranne quella sorta di cemento armato pastorizzato chiamato quartirolo, scordarti tutte le carni rosse e accontentarti (ma senza esagerare, precisò la prescrizione dietetica) di qualche smilza fesa di tacchino ai ferri. E poi: banditi i condimenti, compreso l'olio di oliva che avrei dovuto sostituire con quello di girasole, subivo crudeli restrizioni anche in settori che mai avrei immaginato finissero al vaglio della censura alimentare: mi vennero proibite le mele ma concesse le pere, e la sola idea di doverlo confessare ad Attilio-ulcera peptica, che mi avrebbe detto: "Meno male, potrai continuare a farti le pere", mi fece passare la voglia di renderlo pubblico. Anche il ventaglio delle verdure permesse fu molto ristretto.

"Non è troppo rigida, questa dieta?" chiesi trattenendo la rabbia.

"È necessaria in una situazione come la sua," rispose con calma professionale il Dietologo Inflessibile.

"Quanto dovrà durare?" chiesi, ma mi pentii subito della domanda.

"È ragionevole pensare che ci vogliano almeno sei mesi per disintossicare il suo organismo."

"C'è la possibilità che risulti intollerante anche alla dieta?" Non mi rimaneva altro che attingere alle mie ultime risorse battagliere. Il dietologo mi guardò con una smorfia sorridente, che non seppi né volli interpretare.

Rimaneva da pagare il conto, ovviamente salatissimo. A casa, mi ripromisi con un guizzo di fiero cipiglio di seguire da malato modello la dieta-capestro. In questi casi vengono in aiuto gli amici: nel senso che li insegui uno a uno per comunicargli quello a cui ti stai sottoponendo, fingendo superiore distacco e virile sprezzo dei sacrifici ma badando bene che nessun particolare venga sottaciuto a chi ti sta ascoltando. Non esiste la possibilità di appurare se la solidarietà che ti esprimono sia vera e realmente sentita o faccia semplicemente parte di una forma gentile di automatica comprensione in casi di questo tipo, ma non te ne curi. Ti basta che gli altri sappiano, perché un sacrificio personale è più sopportabile se comunicato agli altri. I mesi che seguirono furono contrassegnati da una battaglia quotidiana tra me e i pochi cibi concessimi dalla dieta: non certo una battaglia all'ultimo sangue, in quanto di sangue sembrava me ne fosse rimasto ben poco a furia di piatti amorfi e di pietanze avvizzite, ma decisi comunque che non gliel'avrei fatta passare liscia a certi cibi che cominciai a prendere in particolare antipatia, guardandoli con acrimonia e sottoponendoli a una sorta di mobbing, impedendo loro di svolgere il compito previsto: il quartirolocementoarmato, per esempio, lo lasciavo progressivamente ai bordi del piatto, allontanandolo giorno dopo giorno dai suoi sparuti compagni di mensa, dapprima isolandolo deliberatamente dalla foglia di lattuga, dal tozzo di carota e dalla fesa di tacchino, e alla fine eliminandolo definitivamente dai miei pasti. Fuori uno. La stessa sorte toccò poi alla fesa, pensata però con maggiore crudeltà: presi il gusto di tagliuzzarla come se dovessi effettivamente mangiarla, lasciandole quindi per un po' questa illusione, ma poi l'abbandonai ridotta in piccoli pezzi davanti agli altri alimenti. Sola, inutile, indesiderata. Settimana dopo settimana, il già esiguo fronte dei cibi divenne talmente scarno che l'alternativa era morire di dieta o tornare alle mie abitudini alimentari di sempre rischiando qualcosa, ma senz'altro meno sotto il profilo statistico. Il giorno in cui decisi di polverizzare a colpi isterici di forchetta e coltello l'ultima foglia di lattuga, spargendone poi le ceneri nel giardinetto sotto casa, fu uno dei più belli della mia vita di malato cronico.

A caccia di un'altra diagnosi

Il ritorno in ospedale fu come una rimpatriata festosa tra vecchi amici. Incredibile, anzi credibilissimo, c'erano davvero tutti: la caposala in attesa di andare in pensione, che mi salutò affettuosamente; l'infermiera grassottella che perdeva i capelli, che credendomi ancora sotto l'influsso del cortisone mi strizzò l'occhiolino; la dottoressa coi capelli ricci, che mi fece un cenno come a dire: poi ci vediamo, dopo parliamo; l'aiutoprimario, sempre più lento e riflessivo nei suoi spostamenti lungo il corridoio tanto da generare il sospetto che facesse apposta, a scopo umanitario: anche i malati più gravi, superandolo, si sentivano galvanizzati e pieni di nuove speranze. E poi vidi Gennaro-colite cronica, l'operaio orgoglioso che interruppe una discussione politica per salutarmi, e Attilio-ulcera peptica, l'amico ultrà che mi fece arrossire fischiando con le dita al mio indirizzo, da lontano. Mancava solo Oreste-cirrosi epatica, il salumiere. Stavo cominciando a preoccuparmi seriamente per la sua assenza quando incontrai nel corridoio Egidio-by pass, ingegnere saggio, che mi tranquillizzò con il suo sorriso disincantato: "Lo hanno dimesso da due settimane ma lo aspettiamo, vedrà che torna. Ha sempre fatto così".

Mi fecero tutti un sacco di domande: cosa avevo fatto, dove ero stato, quali erano le mie condizioni generali di salute. Sembrava di essere in famiglia. Con gli amici più intimi potevo raccontare la verità: "Ho conosciuto esperti, superesperti, luminari, baroni e persino un omeopata. Ho vagato di città in città, di regione in regione, conscio del mio ruolo di serio cercatore di diagnosi, ma alla fine mi sono dovuto arrendere: meglio l'ospedale, mi sono detto, almeno lì risparmio".

"Vedo che sta imparando a vivere da malato cronico," mi apostrofò bonariamente Egidio-by pass, "senza inutili illusioni o pretese presuntuose. Io lo dico sempre, e scusatemi tutti per la citazione dotta: la persona malata è come la mater dei latini, cioè 'semper certa'. La diagnosi invece è come il pater: a volte c'è, a volte non c'è, a volte si crede che ci sia."

Mentre stavamo chiacchierando allegramente, felici di esserci ritrovati, vidi di nuovo la dottoressa coi capelli ricci che, impaziente, attendeva per parlarmi. Mi congedai dagli amici e la seguii nella sala-medici. "Ha fatto bene a tornare," disse. Sembrò ci fosse quasi un pizzico di gratitudine nella sua voce. "Non bisogna arrendersi di fronte alle prime difficoltà. Del resto la sua situazione non è semplice: ogni volta che si tenta di dare un nome alla sua malattia, che si pensa a una possibile diagnosi, non si riesce mai a chiudere il cerchio. C'è sempre qualcosa che viene a mancare."

"Non si riesce a chiudere il cerchio?" mi si illuminò il viso. "Ma allora una diagnosi la possiamo abbozzare: chiamiamola 'sindrome di Giotto'! Perlomeno risulterà più credibile di 'Lupus Eritematoso Sistemico'. Anzi, propongo che tutti i pazienti del mondo alla ricerca di uno straccio di diagnosi possano fregiarsi di questa comune identità diagnostica. Almeno la 'sindrome di Giotto' servirà a non farci sentire tutti dei figli di nessuno!"

La mia carica battagliera era intatta, e anche la dottoressa coi capelli ricci sembrò in fondo compiacersene.

"Lei sa che dovremo sottoporla a una nuova serie di

esami." Mi fissava con un'espressione che mi parve contrita.

"Sono pronto, dottoressa. Le chiedo solo una cosa: questa volta, prima di illudermi con una diagnosi... insomma... io mi prendo pure le mie responsabilità per il passato, forse vi ho fatto troppa fretta e me ne dispiace, però, ecco, mi accontenterei di una diagnosi verosimile, all'occorrenza anche semplice. Non sono uno che ambisce a tutti i costi a una diagnosi dal sangue blu, mi creda."

La dottoressa coi capelli ricci riprese a guardarmi storto come ai bei tempi del primo ricovero. La rivincita era cominciata.

Repetita non iuvant

Eravamo tutti agitati quella mattina: Egidio-by pass, ingegnere grasso e saggio, doveva ripetere per la terza volta nel giro di dieci giorni uno degli esami più invasivi della dignità umana: il clisma opaco. Il motivo? Me lo disse con aria indignata Gennaro-colite cronica, che pure di cose assurde ne aveva viste tante nella sua vita, prima in qualità di operaio e dopo nelle vesti di ammalato cronico: "La vuoi sapere l'ultima? Non si trova un tubicino sufficientemente lungo per l'intestino di Egidio. Sì, hai sentito bene: in uno dei maggiori ospedali italiani, dove vengono spese centinaia di migliaia di euro per le più sofisticate apparecchiature, manca un tubicino per intestini 'di taglia forte', diciamo così. Tutto è stabilito, programmato, tarato su una campionatura di pazienti che devono rientrare nella norma. Se appena uno non appartiene alla media, è fottuto".

"Hai ragione, ma cerca di calmarti," gli dissi. Gennaro sembrava essere tornato ai tempi in cui faceva il sindacalista. "Anche a me dispiace per Egidio, ma si vede che hanno dovuto impiegare qualche giorno di troppo per procurarsi il tubicino adatto. Sono cose che non dovrebbero succedere, d'accordo, ma si può chiudere un occhio."

"Non hai capito," mi affrontò iroso, "nemmeno oggi gli fanno l'esame con il tubicino adatto, ma con lo stesso tubicino troppo corto di prima!"

Con Gennaro-colite cronica andai a trovare l'ingegnere nella sua stanza. Volevo saperne di più. Era seduto sul letto e teneva in mano il primo dei cinque bicchieroni pieni di quell'ignobile soluzione verdastra impiegata ancora oggi dalla "medicina moderna" come liquido di contrasto.

"Benvenuti ragazzi," ci accolse Egidio-by pass con la consueta amabilità, "accomodatevi e armatevi di pazienza: non è facile mandare giù per la terza volta in pochi giorni questa schifezza."

"Allora è vero!" esclamai. "Glielo rifanno..."

"Certo," sorrise, "però questa volta mi hanno promesso che 'spingono'."

"In che senso... spingono?" domandai.

"Eh sì, nel senso che la prima volta si sono accorti che il tubicino era troppo corto per il mio intestino e hanno subito rinunciato; la seconda volta hanno avuto conferma che il tubo era troppo corto ma hanno cercato lo stesso di farmi l'esame, invano. Questa volta dicono che è diverso. Questa volta mi hanno già avvisato: spingono."

"Con il tubicino?" domandai orripilato.

"No, no, che vi mettete a pensare, non sono mica dei torturatori. Spingeranno con le mani: dovrò girarmi prima su un fianco, poi sull'altro, e intanto loro spingendo e toccando con le mani la pancia cercheranno di vedere sul monitor la parte dell'intestino mancante, che sfugge all'osservazione."

"Denunciali!" si infervorò Gennaro-colite cronica abbandonando ogni genere di etichetta. "Mi scusi, ingegnere, volevo dire: li denunci."

"E perché mai? Non vedete quante attenzioni, quali sforzi, che genere di elaborati tentativi stanno facendo per risolvere la situazione?"

"Ma non sarebbe più semplice procurarsi un tubicino un po' più lungo?" Senza troppa convinzione provai a fare appello a quel residuo di logica cartesiana che ancora non mi aveva abbandonato.

"In questa sua frase ritrovo l'ingenuo idealista di sempre," rispose dopo aver bevuto in apnea un lungo sorso del liquido verdastro. "Le pare che se fosse stato possibile non l'avrebbero fatto? È evidente: in tutta la città non esiste un tubicino adatto agli intestini di taglia forte come il mio."

"E io dovrei credere che non se ne trovi uno in tutta Italia?" eruppe Gennaro-colite cronica ormai prossimo a diventare Gennaro-pressione alta. "Pensare che è una vita che lavoro in fabbrica, in mezzo a tubi di tutte le lunghezze e dimensioni!"

L'ingegnere fece cenno con la mano di attendere e poi ingollò un sorso enorme che credetti letale. "Forse se ne potrebbe trovare uno," riprese e appoggiò il bicchierone ormai vuoto sul comodino, "ma dovrebbero telefonare, informarsi, cercare, farselo spedire e infine pure pagarlo. Contate il numero delle incombenze da espletare e poi paragonatele a quell'unica, semplice azione che hanno deciso di compiere: spingere. Vi rendete conto del risparmio?"

"Almeno le hanno assicurato una riuscita ottimale e definitiva dell'esame, in questo modo?" chiesi in un ultimo anelito di buon senso.

"Brindate alla mia salute!" ci salutò alzando in aria il secondo dei cinque bicchieroni.

Eduardo De Filippo aveva proprio ragione: gli esami non finiscono mai. Specie in ospedale.

Bella stanza, ottimo letto

"Lei è quello del Lupus?" mi domandò un ometto smilzo dalla faccia scavata mentre camminavo per il corridoio.

"*Ero* quello del Lupus. Momentaneamente sono in... mobilità diagnostica, se è così gentile da passarmi il termine. Sono in attesa," continuai senza riuscire a nascondere un certo imbarazzo, "insomma... sto aspettando, mi hanno promesso... dovrei essere sulla strada buona."

"Piacere, mi chiamo Ermanno, architetto in pensione. Vengo qui ogni mese per fare un ciclo di chemioterapia sotto stretto controllo, per questo devo sempre essere ricoverato. Lo vede questo rigonfiamento?" mi indicò il suo fianco sinistro. "Qui c'è la mia pompetta salvavita che fa affluire il medicamento al polmone malato."

In fondo, pensai, in ospedale è come tornare bambini: da piccoli, appena incontri qualcuno attacchi bottone, fai amicizia, scambi i giocattoli, mostri quello che hai e tocchi le cose degli altri. L'unica differenza è che invece delle formine e delle biglie in ospedale hai a che fare con i più moderni strumenti della tecnologia medica. Negli occhi di chi li guarda c'è comunque lo stesso incuriosito stupore, la stessa meraviglia incantata.

Ermanno-pompetta al fianco adesso era un fiume in piena: "Io le ho girate tutte le stanze di questo reparto, sa? Tutte, o almeno credo. Lei in che letto dorme?".

"251," risposi.

"Bello il 251, bello. Io ci sono stato nel novembre scorso. Sì, mi pare fosse ai primi di novembre. Bella stanza, là in fondo sulla sinistra, vero? Eh, la conosco bene: ti affacci e vedi la quercia grande. Davvero bello."

"E lei invece dov'è adesso?" domandai per puro spirito di cortesia.

"Sono al 222. Non si sta male, solo che alla distribuzione dei pasti si è sempre tra gli ultimi e qualche pietanza, checché ne dicano, arriva tiepida anziché calda. Però c'è una bella vista: pensi che dalla mia stanza domino tutto il prato. Invece non mi sono trovato per nulla bene al 230. È mai stato, lei, al 230?"

"No... non mi pare."

"Come si fa ad affacciarsi e vedere di sotto una sfilza di auto posteggiate? Sarà stata una reazione psicosomatica, ma io mi sentivo sempre la gola bruciare. Ecco, appena posso cerco di evitare il 230."

"Grazie del consiglio," provai a blandirlo, ma non ci fu niente da fare.

"Lei lo sa che stavo bene prima che morisse mia moglie?" mi si parò davanti impedendomi ogni via di fuga.

"No, come potrei... no davvero."

"Io credo che ci sia una relazione molto stretta fra malattia e sofferenza psicologica. Non è d'accordo anche lei?"

Senza dubbio esisteva una relazione molto stretta fra il suo carattere e la mia insofferenza psicologica, e pertanto feci appello a tutto l'autocontrollo possibile. "Lo credo probabile, certamente. Tutto in noi è strettamente correlato," risposi citando le parole con cui l'Omeopata Equilibrato mi aveva congedato dal suo studio alcune settimane prima, facendomele pagare a peso d'oro.

"Tutto correlato, ecco, sì. Correlato mi sembra un termine perfetto. Lei è proprio in gamba, sa?"

Mi presi tutto il merito, vigliaccamente, senza citare la fonte. A quel punto ero quasi disposto a interessarmi almeno un poco del suo caso, ma lui fu di nuovo più veloce di me. Era un tipo che tirava fuori le parole di scatto, come i pistoleri la loro Colt nel Far West: "Ma lei lo sa che un mio amico è morto perché il suo organismo non ha retto la chemioterapia? Stava bene, era venuto qui con le sue gambe, ha iniziato la terapia e dopo pochi giorni ha ceduto di schianto. Non pensa che i medici possano avere sbagliato la dose? Io ho sentito di altri casi, lei cosa ne pensa?".

"Io dico che bisogna avere fiducia nei medici," mi sbilanciai come si fa sempre quando non si è toccati troppo direttamente dalle vicende. "Del resto il suo amico, se faceva la chemio, tanto bene non stava."

"Io so solo che era entrato in ospedale fiducioso. Ecco, era proprio uno che si fidava, ottimista e scrupoloso. Qualche mese fa si era sottoposto a un check up, per puro scrupolo. Stava bene, ma voleva essere sicuro. Gli hanno trovato una piccola macchiolina, che ha richiesto una piccola operazione, cui doveva far seguito un piccolo ciclo di chemio. Me lo ricordo ancora: stava al 243. È mai stato lei al 243? Bella stanza, ottimo letto. Ci si affacciava e si vedeva in lontananza l'autostrada, con tutte quelle automobili in movimento che fanno compagnia."

Aiuto, arriva la Volontaria!

La Volontaria con il camice bianco e la targhetta della sua associazione appuntata orgogliosamente al petto si aggirava con movenze feline nel corridoio del reparto. Cambiava spesso l'orario delle sue incursioni affinché i pazienti non riuscissero a prevederne in anticipo le mosse e darsi momentaneamente alla macchia. Il destino più ingrato toccava a quei ricoverati che, immobilizzati a letto, non avevano possibilità di fuga. Tra i malati del nostro reparto si era creata una meravigliosa rete di solidarietà: erano proprio gli immobilizzati, infatti, che avevano il compito di avvisare tutti gli altri appena scorgevano la Volontaria: al suo ingresso fingevano un improvviso e doloroso riacutizzarsi delle rispettive malattie, che li spingeva a emettere lamenti lunghi e rumorosi. Quello era il segnale convenuto: una specie di sirena "si salvi chi può" che si confondeva facilmente con il clima sofferente di un ospedale e senza dare troppo nell'occhio permetteva ai pazienti più svegli di sventare con scioltezza la minaccia.

Perché tanto astio, tanta avversione nei confronti della Volontaria? In fondo chi si trova suo malgrado in un ospedale sopporta tutto: medici, infermieri, esami, visite, rumori, puzze e chissà cos'altro ancora, conscio del fatto che tutto questo appartiene a un iter ospedaliero obbligato. È invece più difficile sopportare la Volontaria toccataci in sorte nel reparto senza che noi riuscissimo a farcene una ragione. Sessant'anni o poco meno, impettita a tal punto da sembrare fresca convalescente dal colpo della strega, era sempre cotonata in modo perfetto e aveva un sorriso mieloso incorporato nella bocca come quegli apparecchi per correggere i denti che si portano da bambini. Nonostante i suoi sforzi, sembrava il classico pesce fuor d'acqua, un corpo estraneo all'atmosfera dell'ospedale. E anche se quel che faceva era a fin di bene, il modo petulante e zuccheroso in cui lo svolgeva strideva con le buone intenzioni e finiva per vanificarle. Si muoveva a passetti veloci e nervosi, quasi fosse una ballerina in pensione, ma senza più grazia. Glieli avremmo anche perdonati, i passetti veloci e nervosi, e pure la mancanza di grazia, ma quello che usciva dalla sua bocca, ogni volta che ci sorprendeva nelle nostre stanze, non era facilmente perdonabile: "Come sta il mio bel malato che non vedo da tre giorni?" squittiva facendo capolino dietro la porta.

Se rispondevi: "Bene, grazie", nella speranza di togliertela dai piedi, commettevi un errore grossolano. Ti chiedeva conto punto per punto di tutti i miglioramenti ottenuti negli ultimi giorni. Se rispondevi: "Male", si accomodava senza chiedere il permesso ai bordi del letto e non se ne andava fino a quando non le giuravi che ti saresti fatto forza, che non ti saresti abbattuto. Se rimanevi sul vago, ti accerchiava con proposte di viveri e vettovaglie disparate e disordinate, peggio di un piazzista invadente: acqua minerale, tè, camomilla, carta igienica, succhi di frutta, cotton fioc, biscotti, coperte, termometro, giornali. Al solo scopo di liberarti in fretta della sua presenza rispondevi sì a tutto, e appena lei girava l'angolo per andare a recuperare tutta quella roba, te la davi a gambe. Al ritorno, però, la stanza si era trasformata in un cimitero di cose inutili, e le ore successive dovevano essere impiegate per smistarle a quegli ammalati che erano riusciti a evitare la Volontaria. La volta dopo, se per caso la "catena della solidarietà" tra i ricoverati non funzionava a dovere e lei ti beccava di nuovo, era ancora peggio, visto il "precedente": "Come sta il mio bel malato capricciosetto che fa il bambino viziato e ha sempre voglia di un sacco di cose ma poi si diverte a giocare a nascondino?".

Una volta la osservai mentre, appena uscita da una stanza dove aveva sorpreso nel sonno un ricoverato, veniva avvicinata dai parenti del paziente. Quelle persone semplici e alla mano la scambiarono per una dottoressa. Lei non fece una piega e li lasciò parlare a lungo, felice che le raccontassero tutta la storia del malato tanto grande era la sua voglia di partecipare alle disgrazie altrui. Alla fine li congedò dicendo, secondo abitudine: "Cercate di avere pazienza. Ricordate: pazienza", ma si guardò bene dall'avvisarli dell'equivoco. Loro, gente umile, annuirono educatamente e la ringraziarono con affetto. Quando tornarono dal parente-paziente lo misero al corrente delle "belle parole della gentile dottoressa dai capelli cotonati". Probabilmente lui al momento non capì, ma quando realizzò l'accaduto emise un terribile lamento lungo e rumoroso che fu da tutti scambiato per l'ennesimo segnale d'allarme anti-Volontaria.

Lui vestito, io in pigiama

Il mio sguardo doveva essere molto preoccupato, perché il medico magro con lo stetoscopio attorno al collo decise di riporre la siringa sul tavolo. Poi mi fissò fingendo, peraltro malamente, di essere dotato di una pazienza illimitata. Infine fece la cosa che più lo innervosiva: parlarmi. “Glielo ripeto, non deve avere paura. È un semplice prelievo di liquido pleurico, alla base del polmone destro. Lei non può andare in giro con tutto questo liquido in corpo. Non sente come respira male?”

Mi irritava soprattutto il modo in cui aveva detto “non può andare in giro”, neanche facessi ogni volta le 3 del mattino passando da un locale all'altro. Rimasi zitto, naturalmente. Io ero in pigiama e lui vestito. Lui aveva un ago appoggiato sul tavolo e io ero a mani nude. Io effettivamente respiravo male, ma in fondo pur sempre respiravo, e lui in quel momento aveva il massimo potere sul mio respiro, bello o ansimante che fosse.

“Sicuro che non ci sono pericoli?” chiesi ancora una volta. Non mi interessava apparire un fifone.

“È un piccolo intervento in anestesia locale, eseguito con tutte le precauzioni possibili per evitare il rischio di piccole infezioni.” Tutto era piccolo, per lui, dal momento che riguardava me. “E poi senta,” questa volta mi parve proprio spazientirsi, “il suo versamento pleurico è un dato di fatto e il liquido non glielo togliamo certo per sport. Se abbiamo deciso di esaminarlo vuol dire che è una cosa necessaria. Non sappiamo nulla del suo liquido, nemmeno se è essudato o trasudato."

"Non mi sembra un'esaltante alternativa," abbozzai, "anzi, entrambe le idee mi fanno sinceramente un po' schifo."

"Vedrà che dopo questo prelievo faremo un bel passo avanti verso la definizione di una diagnosi," disse il medico magro. Poi lo vidi concentrarsi: riprese in mano la siringa, mi spruzzò l'anestetico sulla schiena, la palpò con l'indice per sincerarsi nuovamente del punto esatto in cui inserire l'ago e alla fine, in un crescendo per me carico di tensione, siringò.

Io avevo lo sguardo fisso nel vuoto, trattenevo il fiato e contavo i secondi nella speranza che passassero prima.

"Adesso butti fuori tutta l'aria, mi raccomando," mi esortò all'improvviso, "questo è un momento delicato: quando ritiro l'ago, non deve entrarle aria dentro."

Ecco, lo sapevo, c'era il trucco, non era poi così semplice come aveva cercato di darmela a bere! Soffiai di scatto come se fossi stato colto da uno starnuto isterico e pregai di non avere sbagliato nulla.

"Molto bene, è tutto finito. Ha visto che era una cosa semplice?"

Feci di sì con la testa, nel timore che il fiato di un'eventuale parola potesse ancora compromettere l'esito dell'intervento.

"Allora, come si sente?" mi domandò con aria beatamente soddisfatta, come se mi avesse epicamente guarito dalla cancrena durante un film di guerra.

"Sa, io sono un tipo scaramantico, se possibile preferisco non sbilanciarmi."

"Non respira già meglio? Guardi la quantità di liquido che le ho prelevato!" si illuminò indicandomi un contenitore ricolmo. Era proprio orgoglioso, neanche fossi stato una bestia da latte che doveva riempire dei secchi già pronti.

“Se respiro meglio?” presi tempo e tirai su con il naso come avevo visto fare nella pubblicità delle caramelle balsamiche. “Non lo so... non mi sembra... forse è presto.” Non era vero: sentivo tutte le indescrivibili puzze tipiche di un ospedale, e per un attimo ebbi la tentazione di gridare: rimettetemi il liquido! Tuttavia, per una stupida forma di orgoglio, non volli dargli la soddisfazione di gratificarlo.

“Tempo qualche giorno,” mi disse, “e le sapremo dare l’esito.”

“Cosa sarebbe meglio: essudato o trasudato?” domandai. Quell’alternativa obbligata mi faceva vergognare.

“Ah, ma l’esito non si riferisce a questo: faremo una ricerca per appurare l’eventuale presenza del bacillo della tubercolosi, analizzeremo le cellule, non ha idea di quanti aspetti interessanti possa presentare una ricerca di laboratorio come questa.”

Non mi aveva risposto, il medico magro con lo stetoscopio attorno al collo. Che cos’era, un segreto di stato? Guardai con attenzione il mio liquido ormai rinchiuso ermeticamente nel recipiente: era palesemente inodore, incolore e probabilmente insapore. Ma cosa rischiava di essere, in aggiunta: essudato o trasudato? Mi allontanai nel corridoio sperando sotto sotto che fosse trasudato. Chissà perché mi ero messo in testa che in quel caso non sarebbe stata colpa mia.

I pasti, questi conosciuti

L'enorme carrello grigio metallizzato si fermò sferragliando davanti alla nostra stanza. Seguì un frenetico rumore di vassoi che si scontrano e di posate pescate a casaccio, in modo brusco, dalle mani di un'infermiera.

"Il pranzo è servito," esclamò con inopportuna enfasi Oreste-cirrosi epatica, neanche fosse uno di quei marginali attori di teatro che cercano di farsi notare dal pubblico calcando i toni dell'unica battuta concessa loro dal copione.

Ci sedemmo "a tavola", come ci piaceva dire. A un malato possono togliere tutto, ma non la fantasia. Notai con piacere che ogni pietanza corrispondeva alle consuetudini, alle quotidiane tradizioni e quindi alle attese: la pasta era scotta, il purè marmoreo e le fette di prosciutto perfettamente incollate fra loro. Per me fu motivo di tranquillizzante conforto: certe abitudini, una volta acquisite, non devono essere improvvisamente cancellate, i ricoverati hanno bisogno di tutto tranne che di forti emozioni. Anche questa volta l'amministrazione ospedaliera aveva dato prova di serietà.

Cominciammo a mangiare ma ben presto la conversazione, che di solito procedeva spedita su svariati argomenti, prese una piega pericolosa. Può succedere, in ospedale: la malattia rende nervosi. La miccia fu accesa da Attilio-ulcera peptica, il solito provocatore. "Purè,

purè, sempre purè. Ma non ci farà male, tutto questo burro?"

"Magari non lo fanno col burro," rispose con solenne serietà Gennaro-colite cronica, cui la vita in fabbrica e nel sindacato aveva insegnato un certo rigore dialettico.

"E chi me lo assicura?" ribatté Attilio.

"Bisogna avere fiducia nel cuoco," intervenne Oreste-cirrosi epatica.

"Io mi sforzo già di avere fiducia nei medici," lo gelò Attilio, "desidererei davvero non allargarmi troppo."

"Bisognerebbe sentire un dietologo," anch'io provai a dire la mia.

"E bravo!" si ribellò Gennaro, che pure avrei giurato sposasse le mie considerazioni. "Così poi ti tocca fare anche il giro dei dietologi!"

"Già fatto, già dato anche su questo versante," precisai.

Il clima era degenerato, e in un amen tanti giorni trascorsi a fingere la più assoluta indifferenza nei riguardi dei "pasti" rivelarono tutta la loro ipocrita inconsistenza.

"E il prosciutto allora?" disse Gennaro. "Forse che ci fa bene tutto questo prosciutto? Un giorno sì e uno no ci rifilano il prosciutto! Ci farà bene?"

"Magari così incollato sì," provò per una volta a sdrammatizzare Attilio.

"Chiediamo a Oreste," intervenni di nuovo io e sbagliai per la seconda volta. "Se non lo sa Oreste che fa il salumiere!"

"Non fatemi parlare anche qui del mio lavoro, per favore," provò a defilarsi abbassando il crapone tondo.

"E perché? Non sei mica in vacanza, qui! Guardatelo," lo provocò Attilio, "si crede in vacanza, è evidente. Solo in vacanza uno dice: non fatemi parlare anche qui del mio lavoro!"

"Scusate se insisto," dissi, questa volta a fin di bene,

“ma non converrebbe chiedere a un dietologo anche informazioni sul prosciutto?”

“E dagli,” mi risposero in coro. Ma almeno ero riuscito a cambiare per un attimo discorso. La calma durò poco.

“Certo che se tiro questo purè in faccia a un tifoso avversario rischio davvero di stenderlo,” ricominciò Attilio guardando il suo piatto con aria schifata. Oreste, che aveva il dente avvelenato, non aspettava spunto migliore: “E allora tu non tirarglielo, scemetto”.

“Ma il purè secondo voi passerebbe i controlli ai cancelli di ingresso?” domandò senza scherzare Gennaro, che come ogni uomo che si deve alzare tutti i giorni alle 5 del mattino prendeva tutto sul serio.

“Dipende dove lo metto,” fece Attilio ammiccando con il suo viso furbo, “guai in un panino, il peso insospettirebbe i poliziotti.”

“E guai nei pantaloni sul davanti,” gli rubò la parola Oreste, che evidentemente non aveva finito di vendicarsi, “altrimenti si insospettirebbero le poliziotte!”

“Io non ho certo bisogno di ricorrere a questi mezzucci,” rispose Attilio con un certo astio. Togliete tutto ai malati, o dategli da mangiare qualsiasi cosa, ma non toccateli nel loro orgoglio maschile.

“Insomma, vogliamo finire di mangiare in santa pace?” intervenni per l’ultima volta. “E poi in fondo questo purè non è così male. Il mio almeno, non so il vostro.”

Quando, con un po’ di pazienza, constatammo che persino le fette di prosciutto si scollavano una a una senza opporre un’eccessiva resistenza ci riconciliammo definitivamente.

L'intervento non era innocuo

"C'è un piccolo contrattempo," mi disse il medico magro con lo stetoscopio attorno al collo. Teneva alzata la mia radiografia per guardarla in controluce. "Non si allarmi, niente di grave o di irreparabile: si tratta di uno pneumotorace."

"Uno che?" risposi. Come al solito tradii la consueta ignoranza.

"Pneumotorace: ossia il polmone si è staccato leggermente dalla sua parete e ora occorrerà riportarlo al suo posto, detto in soldoni."

"E perché mai si è staccato 'leggermente' dalla parete?" chiesi. Il discutibile accostamento tra un problema medico e un'immagine alpinistica che evocava burroni e strapiombi mi irritava.

"Può capitare. Evidentemente, il liquido che lei aveva nel polmone e che le abbiamo prelevato faceva ormai da cuscinetto. Toltone una parte, il polmone ha ceduto. Tenga anche conto che ogni organismo reagisce alla sua maniera."

"Eppure lei mi aveva promesso che non sarebbe accaduto niente, che era un intervento innocuo!"

"Diciamo che lei è stato piuttosto sfortunato."

"Sfortunato? Mai stato sfortunato, prima di incontrare lei. La invito a riflettere sulla singolare coincidenza."

"Ormai è acqua passata, inutile starci sopra. Questione di pochi giorni e lei sarà di nuovo a posto: le verrà applicato un piccolo catetere sotto cute, in corrispondenza del torace, collegato a una specie di bottiglia nella quale dovrà soffiare periodicamente. In questo modo aiuterà il polmone a distendersi e ad aderire nuovamente alla parete."

"Dovrò girare per l'ospedale con una bottiglia in mano come un ubriacone?"

"Non la metta giù così dura. Questione di pochi giorni, vedrà." Aveva uno straordinario talento nel minimizzare i problemi altrui, specie dopo averli creati. Come altri medici che avevo conosciuto, anche lui era tendenzialmente fiducioso, conscio del fatto che per somministrare ottimismo non occorre aver studiato tanto.

"Si è almeno saputo l'esito dell'esame di laboratorio sul liquido prelevato?" gli domandai nella speranza di trovare un appiglio realmente concreto a cui aggrapparmi.

"Si è saputo e può stare tranquillo: non è emerso niente di nuovo."

"Fantastico! Lei quindi mi sta dicendo che ho ottenuto uno pneumotorace in cambio di nessuna informazione utile!"

Il medico magro con lo stetoscopio al collo non rispose. Mise la lastra in una busta grande e la infilò sotto l'ascella. Sembrava uno di quei camerieri ineducati che usano a sproposito il loro tovagliolo. Poi mi guardò e gli lessi nel pensiero che mi considerava proprio molto, molto sfortunato. Non contento, mi congedò con una minaccia: "Ci vediamo nel pomeriggio per quel piccolo intervento che le ho accennato". Se tanto mi dà tanto, cosa sarebbe potuto succedere nel pomeriggio?

Invece non successe niente di particolare, a parte un nervosismo crescente davvero difficile da scacciare. Appena il medico ebbe finito di aggiungere alla mia carrozzeria l'optional della bottiglia, sentii il bisogno di sfogarmi con Egidio-by pass, fresco reduce da un tormentato clisma opaco, e andai a trovarlo in camera.

"Ha visto, ingegnere?" mi feci avanti e indicai malinconicamente l'imbarazzante attrezzo che dovevo portarmi appresso.

"Vedo, vedo. Ma non sia così triste, amico mio."

"Non dovrei esserlo?"

"E perché mai? In fondo è un semplice pneumotorace in seguito a una paracentesi probabilmente eseguita con quel pizzico di superficialità che bisogna sempre aspettarsi in casi del genere. Le avranno senz'altro tolto troppo liquido in una volta sola."

"Lo dice come se fosse la cosa più naturale di questo mondo..."

"È lei che reagisce come se fosse la cosa più innaturale di questo mondo... Cambi prospettiva, e tutto verrà riportato nella sua dimensione più obiettiva. D'altra parte, anche se lei protestasse, i medici avrebbero infiniti motivi di cavarsela: uno dei più abituali è quello di giustificarsi dicendo che 'ogni organismo reagisce alla sua maniera'."

"Lo so, eccome se lo so. Ho spesso la tentazione di appendere certi medici a un lampione, e poi giustificarmi proprio così: ogni organismo reagisce alla sua maniera!"

"E poi non ha pensato ai vantaggi? Almeno per qualche giorno lei, che si lamentava sempre di non avere una diagnosi, potrà parlare a testa alta del suo pneumotorace, la prima cosa certa e sicura da quando è entrato in ospedale."

Incredibile, Egidio-by pass. Lo salutai con gratitudine e cominciai a camminare con piglio orgoglioso per i corridoi. Ogni volta che incontravo una faccia amica ero io ad attaccare discorso per primo: "Pneumotorace," scandivo spavaldo e ansioso di comunicare, "certo, sì, pneumotorace. Cose che capitano, adesso vi racconto".

Sparlando allegramente dei medici

Eravamo seduti in piazzetta. Una decina di malati in tutto, altrettante frustrazioni pronte a esplodere con giocosa innocenza. Sparlare dei medici non è come criticare di nascosto il proprio capo al lavoro. In quel caso è la paura delle delazioni a frenare la lingua impedendo una gioia completa. In ospedale no: benché il medico sia assimilabile alla figura del "capo" in azienda, che dispone di te a suo piacimento, qui la complicità dei colleghi-pazienti è però completamente diversa. La malattia unisce molto più di qualsiasi altra militanza.

Attilio-ulcera peptica fu il primo: "Ma chi gli ha dato la patente a quello?". "Quello", per noi tutti, era il medico magro con lo stetoscopio al collo, il principale artefice del mio pneumotorace e il carnefice di molti altri, a giudicare dalla autentica sollevazione popolare che si registrava ogni volta che veniva pronunciato il suo nome.

"Proprio buono quello," aggiunsi io mettendo in bella mostra la mia bottiglia da ubriacone. "Guardate come mi ha ridotto. Devo soffiarci dentro ogni dieci minuti se voglio sperare di guarire. Tutto quello che riguarda noialtri, per lui, è cosa da niente: è tutto 'leggerino', 'un pochino', 'piccolino' e richiede un 'attimino di pazienza', un 'minutino di attesa', un 'secondino di sopportazione'."

"E gli interventi a cui dobbiamo sottoporci?" mi tolse la parola Gennaro-colite cronica. "Per lui sono tutte 'operazioncine', cose semplici, sciocche, di routine. Un giorno c'era uno che doveva essere trasferito di reparto per un trapianto di cuore. E quello, come se niente fosse, dice ai parenti tutti preoccupati: 'D'accordo, non sarà l'operazione più semplice di questo mondo, ma volete mettere, dopo, la gioia per un cuoricino tutto nuovo?'. Disse proprio così: 'cuoricino'. Quello doveva fare il medico dei sette nani e basta, ve lo dico io!"

"Perché, l'aiutoprimario è forse meglio?" Gennaro-colite cronica uscì di colpo dal suo serioso letargo. Evidentemente nel sentire l'assemblea scaldarsi gli era presa una botta di nostalgia per le vecchie battaglie sindacali. "Un giorno mi ha detto che la medicina non conosce la causa del 90 per cento delle malattie. Ora, io mi chiedo: ma sono loro che devono aiutare noi o noi che dobbiamo incoraggiare loro?"

"Ecco, qui sbagli," intervenne Egidio-by pass. Tutti aspettavamo un suo intervento illuminato. "Lui è l'unico onesto. Ha capito che la medicina è un 'tentativo'," calcò la voce su questa parola, "che può andare bene o male a seconda di evenienze assai poco pronosticabili. In fondo ci aiuta, mettendoci sull'avviso."

"Un'altra che bisogna sempre consolare è la dottoressa coi capelli ricci," disse Ermanno-pompetta al fianco, non poteva certo perdere una simile occasione per esprimere la sua petulanza. "Ogni volta che fisso un appuntamento per una visita di controllo mi parla per mezz'ora di tutti i suoi problemi di lavoro, dei turni massacranti al Pronto soccorso, della disorganizzazione ospedaliera, di com'è stanca, di quanto è costretta a lavorare. Praticamente non mi visita, però lei almeno alla fine sta meglio."

"E il primario?" domandò una vecchietta che non avevo mai visto, "che ne pensate voi del primario?"

"Vorrei poter pensare qualcosa," rispose Oreste-cirrosi epatica. Annuimmo tutti convinti. "In genere le persone imparo a conoscerle subito, sapete, col mio mestiere di salumiere ogni cliente per me non ha segreti e ci faccio l'occhio. Ma con il primario è impossibile... non c'è mai! Chi lo vede? Chi l'ha visto?"

"Secondo voi ce l'ha un uomo, la dottoressa coi capelli ricci?" Domandai all'improvviso, come sovrappensiero, era un dubbio che mi rodeva da tempo. "Sapevo che una volta aveva preso una sbandata per il primario, il grande internista, e poi una cotta violenta per il cortisone. Ma adesso?"

"Da' retta a me, io le conosco le persone," mi tranquillizzò Oreste, ormai padrone dell'uditorio, "eccome se ce l'ha un uomo. Non chiedetemi chi, ma qualcuno ce l'ha senz'altro. I medici hanno un'attività erotica spasmodica, più di tutte le altre categorie. È per via del loro lavoro, delle disgrazie a cui assistono, delle situazioni pesanti che affrontano. Si devono pur sfogare, distrarre. E una volta iniziato il circolo vizioso è difficile che smettano. Anzi, sapete che vi dico? Per me i medici hanno quasi più amanti che pazienti."

Seguì un borbottio generalizzato di assenso, interrotto da Attilio-ulcera peptica che volle ricordarci, in quanto giovane della compagnia, come dentro il cuore di un ricoverato pulsino pur sempre i sentimenti: "Ma l'avete vista quant'è carina la dottoressa dai capelli biondi? Si può essere più sventolone di lei? È l'unica cui rispondo quando mi chiede: dica 33. Almeno con lei c'è soddisfazione, a rispondere. C'è un senso".

Ermanno-pompetta al fianco, un po' stizzito, lo interruppe bruscamente: "Non so voi, ma io sono venuto qui per sparlare. Se adesso avete cambiato idea, avvisatemi che io torno a letto".

"Lei può uscire dall'ospedale. Adesso vado a prepararle la lettera di dimissioni. Ci vediamo dopo per le ultime istruzioni sulla terapia da proseguire a casa." La dottoressa coi capelli ricci venne a trovarmi in camera e mi diede la notizia con il suo solito sorriso un po' tirato ma molto professionale. La prima cosa che pensai, in virtù dell'ormai deformata abitudine mentale tipica dei pazienti cronici, fu che in ospedale non ti consentono nemmeno la soddisfazione di compilare personalmente la "tua" lettera di dimissioni. Lo fa un altro in vece tua. Neanche il gusto di poter dire: sono io che me ne vado, vi lascio, smammo, tolgo il disturbo, cari i miei signori. No, sono loro che "ti dimettono". In pratica, diventa quasi un licenziamento. È vero, quando vuoi tagliare la corda è sempre possibile firmare un foglio che solleva i medici da ogni responsabilità. Ma non è la stessa cosa. Quelle non sono dimissioni. Quella è una sorta di fuga, di ribellione, di raptus di libertà. E infatti non lo motivi. Firmi e basta. Quella che ricevetti poche ore dopo era invece una lettera di dimissioni come avrei sognato di poter scrivere io: piena di dettagliate informazioni su ciò che mi era stato fatto, sugli esami svolti, sul percorso diagnostico intrapreso, sulle cure effettuate e su quelle ancora da perseguire. Solo che alla fine di quella lettera io ci avrei aggiunto una serie di osservazioni personali, come quelle che a volte ti sollecitano gli alberghi, o certi servizi commerciali desiderosi di sapere come ti sei trovato, come sei stato servito, cosa avresti desiderato di diverso. Mi sarebbe piaciuto poter dire la mia e recuperare tutto d'un tratto, orgogliosamente, una condizione e un ruolo non più solamente passivo ma vigile, critico, consapevole, con tutto il peso dell'autorevolezza che sa trasmettere la parola quando la vedi scritta, certificata, impressa. Sarei stato equanime nei miei giudizi, o almeno così mi piaceva immaginarmi. Avrei dato atto ai medici degli sforzi per cercare di venire a capo del mio caso, che nel corso dei mesi aveva richiamato attenzioni crescenti. Se è vero che non sempre si riescono a individuare le cause di una malattia, è altrettanto vero che una struttura ospedaliera si sente particolarmente "sfidata" a darle un nome quando il paziente è un uomo ancora giovane, come nel mio caso. E quindi le coordinate della mia intricata situazione passavano di bocca in bocca, e a me sembrava che il mio nome fosse famoso in tutto l'ospedale e forse anche di più. Sono soddisfazioni pure queste, in fondo. Che non devono far gonfiare il petto, anche per evitare l'equivoco di una nuova serie di accertamenti clinici, ma a cui ci si attacca inevitabilmente. L'ennesimo paradosso, certamente, ma cosa non lo è quando guardi il mondo dalla finestra di una corsia? Dopo aver dato atto degli sforzi dei medici mi sarei però riservato uno spazio tutto mio per far sapere come ci si sente davvero quando si è maturata la condizione di paziente cronico. Non per dar voce a quel tipo di sensazioni un po' scontate anche se giuste che fanno parte del bagaglio di ogni malato: che spesso si sente un "numero", più che una persona; e talvolta una cavia, invece di un essere umano bisognoso di cure e attenzioni. Queste sono cose che in fondo si sanno, che fanno già parte dell'immaginario di ogni potenziale paziente ancor prima di trovarne conferma pratica e condivisa. Questo è un destino comune, e come tale è più sopportabile.

Ciò che invece avrei scritto, che avrei cercato di scrivere, è tutto il senso di solitudine inespressa e inesprimibile che si prova quando si è malati senza sapere di che cosa. Una solitudine senza colpevoli, e quindi ancora più dolorosa. Quella che ti prende nelle troppe ore sveglie passate nel letto di un ospedale. Quella che cresce passeggiando la notte nei corridoi, in pigiama e pantofole, nell'improbabile tentativo di conciliare il sonno. E che ti fa credere che "dopo", se sarai finalmente guarito e uscito dal tunnel, potrai essere un uomo diverso e migliore. Più consapevole e maturo. Graziato non solo dalla malattia ma anche da quello stato di disattenzione e da un distorto senso delle proporzioni che non ti fa apprezzare pienamente la vita quando potresti e dovresti, quando sei ancora integro e sano. Lo prometti, lo giuri, lo grideresti al mondo, che sarai un uomo totalmente diverso. Adesso hai capito, ora hai compreso e afferrato il senso profondo delle cose. Come se la malattia avesse reso lucida la coscienza e dopo averti spossato nel fisico ti desse però la forza interiore, insperata, di fare una sorta di patto col diavolo. Giuri, prometti, scendi a compromessi. Impegni il tuo futuro in una promessa di trasformazione morale. E fai finta di non sapere che saranno pochissimi, dopo, a mantenere fede a impegni troppo importanti per essere presi sotto l'alibi di uno stato febbrile.

"Ho saputo che ti dimettono." Con un tono che mi sembrava di rimprovero, Gennaro-colite cronica interruppe il mio solitario consuntivo finale affacciandosi alla porta della mia stanza. La sua improvvisa apparizione mi costrinse a nuovi pensieri: forse non l'avrei più visto. E insieme a lui Oreste-cirrosi epatica, Egidio-by pass, Attilio-ulcera peptica, e tutti gli altri miei compagni di avventura ospedaliera. Certo, ci saremmo sicuramente scambiati indirizzi e numeri di telefono, come sempre si fa in questi casi. E ci saremmo abbracciati versando lacrime sincere al momento del commiato. Ma ben sapendo che assai difficilmente ci saremmo incontrati e frequentati, una volta "fuori". Si creano rapporti incredibilmente stretti e confidenziali tra i degenti di un ospedale. Ci si aiuta per davvero, con un tipo di solidarietà del tutto particolare che spesso riscatta la pena del ricovero e ti fa riacquistare fiducia nella dimensione umana. Ma è un tipo di rapporto, di scambio, di intimità, che si esaurisce nell'ambito delle mura ospedaliere. Rimane forte il legame, anche "dopo". Ma si ha voglia di dimenticare il calvario del ricovero, con tutte le proprie forze. Ed è questa esigenza di oblio che induce a cancellare, nostro malgrado, anche le tracce che non lo meriterebbero. Del resto, non viene spontaneo dire "mi mancherai" a un compagno di corsia ospedaliera, a un vicino di letto con cui hai condiviso giorni e notti di sofferte inquietudini. L'ospedale ti toglie, con beffardo cinismo, anche questo tipo di reciproca consolazione.

"Pare che non vogliano più saperne di me, e non oso dar loro torto," gli risposi cercando di fare appello ancora una volta al senso dell'umorismo, ormai diventato parte integrante del mio sistema immunitario. Era davvero troppo presto per cominciare a scambiarci i saluti finali e aprire il rubinetto delle lacrime.

"Ma come stai? Come ti senti per davvero?" In quel "per davvero" era racchiuso l'ultimo atto di fraterna complicità. Temeva che avessi in qualche modo accelerato le mie dimissioni fingendo miglioramenti galoppanti e inarrestabili.

"Va meglio, non temere. E il nostro comune amico Egidio mi ha insegnato che 'meglio' è già tanto, qui dentro in modo particolare."

Lessi nel suo sguardo una luce di soddisfazione, ma subito dopo mi parve di scorgere anche un riflesso di inconfessabile delusione: "meglio" voleva dire che ci saremmo separati, e forse mai più rivisti. In quel momento la dottoressa coi capelli ricci sbucò dietro le spalle di Gennaro-colite cronica e mi fece un cenno seguito da una domanda: "Ha cinque minuti per me?". Adesso mi veniva concesso l'onore di sentirmi come il manager di una grande azienda che elargisce il suo tempo, magnanimo, al questuante di turno. Risposi stando al gioco, ormai perfettamente calato nella parte: "Finisco con il signor Gennaro e poi mi libero per lei, dottoressa".

Ebbi accordato un altro privilegio, prima del colloquio finale che preludeva all'agognata libertà: potermi disfare immediatamente del pigiama e riacquistare i miei abiti da "civile". Ero di nuovo nei miei panni. Era come ritrovare se stessi. E quella sensazione assunse, nel momento in cui mi allacciai l'ultimo bottone della camicia, un valore e un sapore che non erano mai stati così concreti e vitali. Incontrare la dottoressa vestito coi miei abiti significava anche potermi sentire di nuovo uomo, con pensieri e debolezze prettamente maschili. Per esempio poter dare una sbirciatina alle sue belle caviglie valorizzate da sensuali calze nere, senza per questo sentirmi un patetico velleitario come succede a chi è ricoverato.

"Il suo fisico ha risposto molto bene alla terapia cortisonica," mi disse subito con piglio soddisfatto, forse per infondermi una ventata finale di ottimismo, o forse perché si era accorta del mio sguardo alle caviglie. "Gli indici infiammatori si sono abbassati, la Ves è scesa a 40, sempre alta ma molto meno dell'inizio. Astenia e dolori le sono passati, il quadro clinico è nel complesso migliorato anche se il suo caso, come le è stato detto tante volte, rientra purtroppo in un genere di patologia di tipo autoimmune, assai complessa e ingarbugliata di cui non si riesce a venire a capo. Però il suo organismo pare convivere abbastanza bene con la malattia, e questo è importante. Tenga presente che gli studi medici non si fermano mai, la ricerca nemmeno, e c'è la speranza che prima o poi si scopra la causa della fibrosi di cui soffre. Da parte mia posso assicurarle che farò di tutto per tenermi aggiornata, anche a livello internazionale, informandomi di eventuali casi riportati dalla letteratura medica che siano assimilabili o apparentabili al suo quadro clinico. Nel frattempo la mandiamo a casa dove sarà sicuramente meno nervoso che in ospedale. Ci rivedremo per periodiche visite di controllo e per aggiornare la terapia, riducendo progressivamente la dose giornaliera di cortisone."

C'erano due modi per interpretare quelle parole. Il primo l'avrei sintetizzato su due piedi in questo modo: egregio paziente, noi non ci abbiamo capito assolutamente nulla della sua situazione, ce la siamo cavata somministrandole una scarica di cortisone e confidando nella reazione orgogliosa delle sue difese immunitarie. Adesso la rimandiamo a casa perché tanto non ha più senso trattenerla e anche perché non ne possiamo più di quel sorrisino sarcastico che ha sempre stampato sul volto. Però da qualche parte nel mondo, se avremo un po' di culo, magari prima o poi salterà fuori il miracolo che libererà lei dalla sua malattia e noi dall'imbarazzo di non averla saputa diagnosticare. Nel frattempo ci consoliamo del fatto che la vedremo solo saltuariamente e per brevi visite.

Il secondo modo per tradurre le parole della dottoressa suonava assai più rassicurante: egregio paziente, come ha visto abbiamo fatto davvero di tutto per capire il suo caso complesso e non avremo pace finché non lo risolveremo, appoggiandoci a ogni tipo di aiuto e di possibilità sia in Italia che nel mondo. Nel frattempo continueremo a seguirla e a tenere sotto controllo lo stato della sua malattia, sentendolo come un dovere sia professionale che umano. Sia comunque fiducioso: il suo fisico è forte e la terapia funziona.

Scelsi velocemente il lato B delle due interpretazioni possibili, non saprei dire se per reale convinzione o perché avevo ormai esaurito le scorte di cinismo a disposizione. Questo lato B suonava una musica più dolce, e io non mi vergognavo ad ammettere di aver bisogno di una bella flebo di fiducia prima di lasciare l'ospedale e avviarmi a un futuro gravido di incognite.

Mentre la dottoressa coi capelli ricci mi preparava la prescrizione terapeutica, sapevo di avere ancora poco tempo per esaudire le ultime curiosità che mi erano rimaste in canna. "È sicura che il mio organismo stia imparando a convivere con la malattia?"

"Lo dicono le analisi, ma mi pare che lo faccia capire anche il miglioramento del suo stato generale di salute."

"Tutti questi ricoveri e questi esami e questa sofferenza per scoprire di dover ringraziare, alla fin fine, il mio organismo che impara a convivere con la malattia?"

La dottoressa coi capelli ricci fece appello a un'altra riserva di pazienza, cui attinse più velocemente del solito nella consapevolezza di dover far fronte ancora per poco alle mie domande: "Se non ci fossero stati i ricoveri e gli esami non avremmo potuto escludere tutte le ipotesi, alcune davvero maligne, che erano state ventilate. Le confesso che all'inizio la sua situazione si presentava molto grave e faceva temere il peggio".

"Cosa dovrò dire ai parenti, agli amici, alla gente?"

"In che senso?"

"Si metta nei miei panni. Uno torna a casa dopo aver sopportato ricoveri ospedalieri, visite mediche, esami diagnostici di ogni tipo. E ci torna dopo aver anche vagato per gli studi di un buon numero di grandi specialisti, di luminari, di esperti. Con il corollario di qualche blitz estemporaneo per sentire il parere dei medici cosiddetti alternativi. Sorvoliamo pure, almeno momentaneamente, sul mio sconforto per non avere ancora uno straccio di diagnosi sicura al termine di questo iter allucinante. Ma agli altri io cosa dico? Dove trovo il coraggio di dire che non so ancora che cos'ho esattamente, però il mio organismo 'convive'?"

"Non creda di essere il solo in una situazione del genere. Sono molte le situazioni aperte, non chiare, contraddittorie, in evoluzione. Ed è inutile ostinarsi a voler dare a tutti i costi un nome alla sua malattia, anche se le assicuro che questa tentazione, per un medico, è molto forte."

Avrei voluto dirle che l'avevo intuita, sulla mia pelle, quella che lei chiamava "tentazione". Ma mi trattenni. Mi convinsi che avrei fatto buon viso a cattivo gioco, con parenti e amici e conoscenti. E a tutti quelli pronti a chiedermi fino allo sfinimento: "Allora come va? Come stai? Come ti senti?" avrei risposto sfoggiando il mio migliore sorriso sardonico: "Come va? Si convive, grazie. E tu?". L'espressione poteva sembrare buffa, ma non certo di più di quelle abituali che impieghiamo negli estemporanei dialoghi da pianerottolo dove alla domanda "Come va?" c'è chi risponde: "Si tira avanti", altri: "Si vivacchia", altri ancora, i più malinconici: "Si sopravvive". C'è chi vive e chi sopravvive. Io convivo. Avrei solo dovuto farmene una ragione e non sentirmi in imbarazzo per la mia situazione di convivente con una malattia ancora senza nome. Mi era stato detto che il mio caso era molto più comune di quanto si potesse credere. Ebbene, d'ora in avanti mi sarei fatto forza di questa condivisione con altri sconosciuti sparsi nel mondo, con altri conviventi soggetti al mio stesso destino di cercatore di diagnosi. Avevo un'ultima curiosità da esaudire, e non era proprio il caso di tenermela dentro: "Lei ritiene che io faccia troppe domande, dottoressa? Che io sia un paziente scomodo?".

Lei mi guardò in modo meno perplesso di quanto mi aspettassi. Aveva conosciuto tutti i tipi possibili di paziente, ed era pronta a rispondere a ogni tipo di domanda. "Lei fa bene a domandare, a informarsi, ad avere un atteggiamento attivo. La salute è sua."

"Era mia, era mia," fui costretto di nuovo a puntualizzare per puro amore di verità scientifica e non certo per spirito polemico. Del resto non avevo più voglia di polemiche, né di questionare. Stavo per uscire dall'ospedale finalmente. E speravo davvero di non doverci più tornare, almeno nella veste di ricoverato. Anche se, quando poi attraversai il corridoio e incrociai gli sguardi di chi rimaneva, pazienti o medici o infermieri che fossero, ebbi la netta impressione che tutti mi guardassero con l'aria di dire: ci vediamo, a presto, alla prossima!

Ringraziamento

Un ringraziamento particolare al professor Umberto Veronesi, che ha dato ulteriore fiducia a questo libro con il suo apprezzamento e una non comune disponibilità umana.

Indice

Stampa Grafica Sipiel - Milano, gennaio 2008